디지털 시각효과의 짧은 역사

아모르문디 영화 총서 12

디지털 시각효과의 짧은 역사

초판 펴낸 날 2018년 8월 31일

지은이 | 정찬철
펴낸이 | 김삼수
편 집 | 신중식 · 신아름
디자인 | 최인경

펴낸곳 | 아모르문디
등 록 | 제313-2005-00087호
주 소 | 서울시 마포구 월드컵로10길 27 세화회관 201호
전 화 | 0505-306-3336 팩 스 | 0505-303-3334
이메일 | amormundi1@daum.net

ⓒ 정찬철, 2018 Printed in Seoul, Korea

ISBN 978-89-92448-71-0 95680
ISBN 978-89-92448-37-6(세트)

※ 이 도서의 국립중앙도서관 출판예정도서목록(CIP)은 서지정보유통지원시스
템 홈페이지(http://seoji.nl.go.kr)와 국가자료공동목록시스템(http://www.
nl.go.kr/kolisnet)에서 이용하실 수 있습니다.(CIP제어번호: CIP2018026084)

아모르문디 영화 총서·12
Amormundi Film Books

디지털 시각효과의 짧은 역사

정찬철 지음

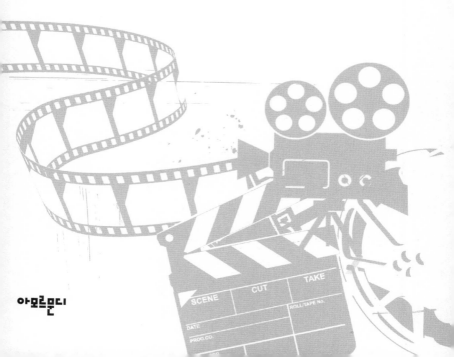

아모르문디

'아모르문디 영화 총서'를 시작하며

영화가 탄생한 것은 1895년의 일입니다. 서구에서 영화에 대한
이론적 담론은 그로부터 한참 뒤인 1960년대에야 본격화되었습
니다. 한국에서는 1980년대 후반의 일이었습니다. 대학원에 영
화학과가 속속 생겨나면서 영화는 비로소 학문의 영역으로 들어
왔고 연구자들에 의해 외국 서적들이 번역·소개되기 시작했습니
다. 1990년대 중반까지만 해도 외국어로 된 책을 가지고 동아리
모임이나 대학원에서 함께 공부하고 토론했던 기억이 새롭습니
다. 매일 선배나 동료들에게 애걸복걸하며 빌리거나 재복사를
한, 화면에 비가 내리는 비디오테이프를 두세 편씩 보고서야 잠
이 들고 다른 언어로 된 이론서를 탐독하며 보냈던 시절은 어느
덧 지나간 듯합니다. 이제는 구할 수 없는 영화가 없고 보지 못할
영화도 없습니다. 그럼에도 오늘 한국의 영화 담론은 어쩐지 정
체되어 있는 듯합니다. 영화 담론의 장은 몇몇 사람들만의 현학
적인 놀이터가 되어가고 있는 느낌입니다.

　최근 한국의 영화 담론은 이론적 논거는 부실한 채 인상비평
만 넘쳐나고 있습니다. 전문 영화 잡지들이 쇠퇴하는 상황에서
깊이 있는 비평과 이해는 점점 더 찾아보기 어려워지고 있습니
다. 대학과 현장에서 사용하는 개론서들은 너무 오래전 이야기에
머물러 있고 절판되어 찾아보기 힘든 책들도 많습니다. 인용되고
예시되는 장면도 아주 예전 영화의 장면들입니다. 영화는 눈부신
속도로 발전하고 있는데, 그에 대한 이론적 논의는 그 속도를 따

라가지 못하는 형국입니다. 물론 이론적 담론이 역동적인 영화의 발전 속도를 바로바로 따라잡기란 쉽지 않은 일입니다. 그럼에도 당대의 영화 예술에 대한 깊이 있는 이해는 비평적 접근을 통해서만 가능하다고 믿습니다. 이에 뜻을 함께하는 영화 연구자들이 모여 '아모르문디 영화 총서'를 시작하고자 합니다.

'아모르문디 영화 총서'는 작지만 큰 책을 지향합니다. 책의 무게는 가볍지만 내용은 가볍지 않은 영화에 관한 담론들이 다채롭게 펼쳐질 것입니다. 또한 영화를 이미지 없이 설명하거나 스틸 사진 한두 장으로 논의하던 종래의 방식을 벗어나 일부 장면들은 동영상을 볼 수 있도록 기획하였습니다. 예시로 제시되는 영화들도 비교적 최근의 영화들로 선택했습니다. 각 권의 주제들은 독립적이면서도 서로 연관관계를 갖도록 설계했습니다. '아모르문디 영화 총서'는 큰 주제에서 작은 주제들로 심화되는 방향으로 구성되어 있습니다.

정체되어 있는 한국 영화 담론의 물꼬를 트고 보다 생산적인 논의들이 확장되고 발전하는 데 초석이 되었으면 하는 것이 '아모르문디 영화 총서'의 꿈입니다. 영화 담론의 발전이 궁극적으로 영화의 발전을 가져올 것이고 그 영화를 통해 우리의 삶이 더 풍요롭고 의미 있는 것이 되었으면 합니다.

기획위원 김윤아

들어가는 글

이 책은 1990년대 중반부터 영화 제작에 본격적으로 사용된 '디지털 시각효과 digital visual effects'의 역사를 살펴봅니다. 디지털 시각효과의 역사는 영화의 배급과 상영이 디지털 방식으로 전환되기 시작한 시기와 대체로 일치합니다.

오늘날 우리가 디지털 시각효과라고 부르는 것은 이전에 '특수효과 special effect'라고 불렸습니다. 오늘날에도 여전히 이 두 용어가 같은 의미로 사용되는 경우가 많습니다. 하지만 둘 사이에는 매우 큰 차이가 있습니다. 특수효과라는 용어는 이제는 낡은 표현이며, 시각효과가 이제 특수효과를 대체했다고 보는 것이 정확합니다. 디지털 시각효과에 대해 연구한 스티븐 프린스(Steven Prince)라는 학자는 컴퓨터 그래픽의 등장 이후 "특수효과의 시대는 끝났다"고 말했습니다. 그 이유는 이렇습니다.

특수효과라고 하면 흔히 폭발 장면이나 자동차 경주 씬, 스턴트맨을 활용한 액션 연기, ⟨ET⟩에 나오는 UFO, ⟨에일리언⟩ 시리즈와 같은 SF영화에 등장하는 외계 생명체 등을 제작하는 데 사용되는 기술을 떠올립니다. 특수효과는 실제로 촬영할 수 없는 환상적 캐릭터와 상황을 창조하는 데 사용되기 때문에 '특별한' 기법이었습니다. 예를 들면 스톱 모션(stop motion), 매트 페인팅(matte painting), 특수 분장

(special effect makeup), 미니어처(miniature), 후면 영사 (rear projection)와 같은 것이 특수효과의 대표적 기법입니다. 이러한 특별한 효과는 사실 가짜라는 것이 눈에 띄었기 때문에, 또 실제 촬영된 장면과 확연히 구분되었기 때문에 더욱 특별한 것이었습니다. 따라서 얼마나 가짜를 진짜같이 만들고, 이를 덧붙인 흔적이 감쪽같이 자연스럽게 연결되느냐가 특수효과상을 받는 주요한 기준이 되었다고 할 수 있습니다.

오늘날 우리가 디지털 시각효과라고 부르는 것은 영화를 더욱 영화적으로, 다시 말해 환상적이면서도 사실적이고 아름답게 만드는 영상기법입니다. 이 책에서 구체적으로 살펴보겠지만, '디지털 시각효과'라고 부르는 것에는 디지털 애니메이션, 디지털 색 보정, 디지털 매트 페인팅, 2D/3D CGI 모델링과 같이 디지털 방식으로 전환된 옛 아날로그 방식의 특수효과가 포함되며, 실제 촬영한 장면을 변형하는 데 사용되는 다양한 후반작업과, 실제 촬영된 장면과 CGI로 만든 장면을 서로 완벽하게 연결하는 데 사용되는 다양한 디지털 영상 장비와 기법 등을 의미합니다. 하지만 디지털 시각효과는 이러한 디지털 방식의 특수효과만을 가리키지 않습니다. 기술적인 측면에서 디지털 시각효과를 생각하면, 여전히 특수효과와 다른 점이 없습니다.

디지털 시각효과는 디지털 스토리텔링의 도구입니다. 다

음과 같은 영화에 사용된 디지털 시각효과를 떠올려 봅시다. 〈벤자민 버튼의 시간은 거꾸로 간다 The Curious Case of Benjamin Button〉(2008)의 주인공 벤자민은 디지털 캐릭터와 실제 배우의 연기가 융합되어 정말로 시간을 거꾸로 사는 인물로 창조되었습니다. 〈아바타 Avatar〉의 나비족의 경우도 마찬가집니다. 〈반지의 제왕 The Lord of the Rings〉의 골룸은 또 어떤가요? 〈체인질링 Changeling〉(2008)의 컴퓨터 그래픽으로 창조된 1920년대 뉴욕 거리는 당시의 실제 모습과 구분하기 어려울 정도로 진짜 같습니다. 〈터미네이터 II〉의 미래에서 온 로봇 T-1000이 철문을 통과하는 장면은 너무나 환상적이기도 하지만 액체금속의 특성을 가진 T-1000의 능력을 가장 명확히 보여주는 장면입니다. 이는 아날로그 방식의 특수효과로는 구현하기 힘든 장면입니다. 설령 미니어처와 같은 아날로그 방식으로 제작한다고 할지라도 가짜임이 쉽게 보일 것이고, 관객이 눈치 챌 것이 두려워 감독은 빨리 다음 장면으로 넘어갈 것이 뻔합니다. 하지만 디지털 시각효과를 이용하면 실제 촬영된 장면과 디지털 시각효과로 만든 장면을 마치 처음부터 하나였던 것처럼 이음새 없이 합성할 수 있기 때문에 영화감독은 가짜임이 드러날까 걱정할 필요 없이 환상적인 장면에 할애되는 시간을 끝없이 확장할 수 있습니다. 이렇듯 디지털 시각효과는 단지 특수한 효과를 구현하는 기술만이 아니라 상상을 현실화시키고 관객을 더욱 이야기 세계로 끌어당겨 묶어두는 시각적 언어, 제임스 카메론의 말처럼 '스토리텔링의 도구'입니다. 이러한 이유에서 시각효과의 시대인 것입니다.

디지털 시각효과는 스토리텔링의 도구입니다. 마법적인 디지털 시각효과 덕분에 영화감독은 더욱 풍부하고 설득적이고 몰입적인 영화 세상을 만들 수 있습니다. 디지털 시각효과는 상상의 한계를 지워버렸습니다. 역사상 최초로 컴퓨터로 이미지를 만드는 장비를 개발한 이반 서덜랜드가 말했듯이 상상하는 것은 모두 디지털 시각효과로 보여줄 수 있게 되었습니다.

이 책은 디지털 시각효과의 대표적인 기법들의 등장을 역사적으로 소개하는 것이 목적입니다. 어떠한 기술이 처음 등장했는지, 어떠한 영화에 처음 사용되었는지, 이러한 디지털 시각효과는 이전의 아날로그 특수효과와 어떻게 연관되고 또 어떤 점에서 다른지를 설명할 것입니다. 디지털 시각효과를 소개하는 것이 목적이지만 '기술적' 관점에서 디지털 시각효과를 설명하지는 않습니다. 물론 더러 기술적으로 접근하는 경우도 있겠지만, 이에 관한 책은 이미 시중에 많이 있습니다. 대신 디지털 시각효과가 역사적으로 어떻게 스토리텔링의 도구로 발전하게 되었는지를 보다 중점적으로 설명하고자 합니다. 다시 말해, 이야기를 전달하는 도구로서의 디지털 시각효과의 역사를 소개하는 것이 이 책의 목적입니다.

이 책은 디지털 시각효과에 대해 호기심을 느끼는 중고등학생과 일반 성인 독자층을 위한 책입니다. 따라서 디지털 시각효과를 전문적으로 공부한 분들에게는 다소 흥미가 떨어질 수도 있습니다. 앞서 설명한 바와 같이 이 책은 디지털 시각효과를 단지 도구가 아닌 상상을 현실화하고 이야기를 시각적으로 구현하는 스토리텔링의 도구로서 조명하는 것이 목적입니다. 따라서 창조적 시각효과 아티스트가 되고자 하는 분들에게도 좋은 안내서가 될 수 있으리라 생각합니다. 그럼, 디지털 시각효과의 역사가 시작된 출발점으로 함께 거슬러 올라가 볼까요?

2018년 8월
정찬철

<차 례>

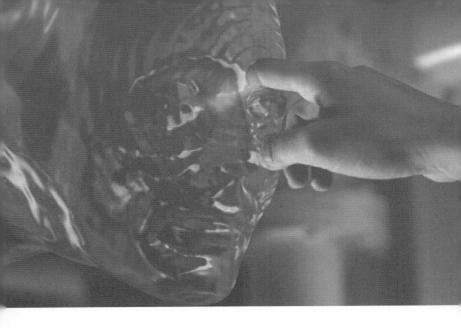

제1장 CGI의 등장과 발전, 1962~1989

"이젠 필름 카메라를 사용하지 않습니다. 필름시대의 시각효과도 마찬가지입니다. 오늘날 모든 것은 CG입니다. CG로 세상을 창조할 수 있지요. CG는 완전히 다른 도구입니다. 하지만 시각효과의 스토리텔링의 규칙에는 변함이 없습니다."

– 제임스 카메론(James Cameron)

1. CGI의 등장에서 1970년대까지

    영화 제작에서 사용되는 디지털 시각효과의 역사는 흔히 CGI(computer-generated images 컴퓨터 생성 이미지)라고 줄여서 부르는 컴퓨터를 이용해 실제 이미지를 변형하거나 새로운 영상을 만들어 내는 기술의 등장에서 시작합니다. 여기서는 CGI의 등장과 1970년대까지의 발전과정을 영화에 사용된 사례를 중심으로 살펴보고자 합니다.

    CGI의 역사는 1950년대 후반 비행 시뮬레이션 장치에 사용할 목적으로 개발된, 컴퓨터를 이용하여 화면에 그림을 표시하는 기술에서 시작했습니다. CGI라는 용어도 비행 시뮬레이션 장치를 개발한 회사 중 하나인 보잉사가 자사의 비행기 디스플레이 장치에 붙인 명칭에서 유래했습니다. 이후 1962년에 컴퓨터를 이용하여 사용자가 직접 이미지를 만드는 기술이 등장했습니다. 당시 매사추세츠 공과대학교(MIT)의 박사과정 학생이었던 이반 서덜랜드(Ivan Sutherland)는 학위논문의 일부로 '스케치패드(Sketch Pad)'라는 이름의 컴퓨터 그래픽 장치를 개발합니다(그림 1.1). 스케치패드는 오늘날 '터치펜'에 해당하는 '광펜(light-pen)'이라는 특수한 입력장치, 터치스크린, 그리고 오늘날 키보드에 해당하

그림1.1 이반 서덜랜드가 개발한 최초의 CGI 장치 스케치패드

는 다양한 스위치와 버튼으로 구성되었습니다. 사용자가 직접 컴퓨터 모니터에 '광펜'으로 점을 찍어서 2D와 3D 도형을 그릴 수 있는 일종의 포토샵과 같은 최초의 인터렉티브 컴퓨터 그래픽 장치입니다.

1964년 이반 서덜랜드는 유타 대학교 컴퓨터 그래픽 학과에서 데이빗 에반스(David Evans) 박사와 함께 LDS-1 (Line Drawing System-1)을 개발합니다. 이 장치는 컴퓨터로 3차원 물체의 형상을 나타낼 때 필수적으로 사용되는 **와이어프레임(wireframes)** 기법을 처음으로 선보였습니다.

같은 해, MAGI(Mathematic Applications Group, Inc.) 라는 컴퓨터 그래픽 프로그램 회사는 오늘날 2D나 3D CG, 즉 컴퓨터 그래픽 작업의 최종 단계로서, 완성된 CGI를 만드는 과정을 일컫는 렌더링(rendering) 방식의 선구적인 기법인 **레이트레이싱(ray tracing)**을 처음으로 선보였습니다. 이 기법으로 3D 사물이나 공간을 만들 때, 대상에 반사되는 주변 사물과 광원의 위치에 따라 변화되는 그림자 효과를 사실적이고 정교하게 구현하는 것이 가능해졌습니다.

오늘날 디지털 시각효과의 기초적인 요소에 해당하는 이러한 CGI 기법은 1960년대 당시만 해도 비용이 많이 들었고, 제작 기간도 오래 걸렸습니다. 게다가 들어간 비용과 시간에 비해 이미지의 사실성은 아날로그 시각효과보다 뛰어나지 않았기에, 효율성을 중시하는 영화 제작에 사용되기에는 어려웠습니다.

CGI를 이용한 예술 작품은 1970년대에 처음 등장합니다. CGI 기술의 선구자인 존 휘트니(John Whitney)는 1971년 〈매트릭스 Matrix〉, 1972년 〈매트릭스 No.2〉와 〈매트릭스 No.3〉, 1975년 〈아라베스크 Arabesque〉라는 작품을 발표했는데요, 이 작품들은 음에 맞추어 일정한 규칙대로 회전하는 직사각형과 정사각형 그리고 복잡한 패턴을 그리며 특정한 도형으로 변하는 선 등으로 구성되었습니다. 다양한 기하학적 도형으로 이루어진 예술 작품이었기에 추상적이고 실험적인 작품으로 평가되지만, 당시 CGI 기술의 발전에 매우 선구적인 기여를 했습니다. 복잡한 선과 도형의 움직임과 패턴은 존 휘트니가 미리 짜둔 알고리듬에 의해 생성된 것입니다.

CGI가 최초로 영화에 등장한 것은 1970년대입니다. 이후 1980년대를 지나 1990년대 들어서야 비로소 새로운 영화 언어로서의 잠재력을 인정받게 되고, 제작 기간 및 비용이 현실화되면서 본격적으로 사용되기 시작했습니다. 1970년대와 1980년대까지만 해도 영화에 사용되는 시각효과는 스톱모션, 옵티컬 프린트, 메이크업, 미니어처 등과 같은 전통

와이어프레임(wireframes)
컴퓨터 그래픽에서 3차원 물체의 형상을 만들기 위한 기초 작업으로서 물체의 형상을 선(lines)으로 표시하여 입체감을 나타내는 것. 이것은 마치 철사를 이어서 만든 뼈대처럼 보여서 와이어프레임이라고 부른다. 와이어프레임으로 이루어진 기하학적 형상에 색깔, 질감, 그림자 등 입체감을 입히는 렌더링 작업을 거치면 최종의 사실감 있는 3차원의 모형이 완성된다.

레이트레이싱(ray tracing)
컴퓨터 그래픽스(CG, Computer Graphics) 작업에서 광원의 조건에 따른 사물 표면의 명암, 질감, 반사된 이미지 등을 표현하는 렌더링 기법 중의 하나이다. CGI로 만들어진 사물과 공간의 입체감을 보다 사실적으로 만드는 데 효과적이다. 광추적방식 렌더링이라고 부르기도 한다.

적인 아날로그 기법으로 완성되었습니다. 당시 매우 특별한 장면에만 CGI가 사용되었는데요, 영화 속 세상의 발전된 기술을 선보이는 목적으로 사용된 경우가 대부분이었습니다. 다시 말해, 디지털 시각효과의 초기 시대에는 아날로그 특수효과로는 표현하기 어려운 부분을 대신하는 마법적인 도구로 사용되기보다는 오히려 미래의 신기한 기술을 효과적으로 전달하는 스토리텔링의 수단으로 사용되었다고 볼 수 있습니다.

다음과 같은 예를 살펴봅니다. SF영화의 대표작인 스탠리 큐브릭(Stanley Kubrick) 감독의 1968년 영화 〈2001 스페이스 오딧세이 2001 Space Odyssey〉는 CGI가 최초로 사용된 몇 안 되는 작품 중 하나입니다. 스탠리 큐브릭 감독은 아날로그 특수효과 기법을 이용하여 지금 봐도 전혀 낡아 보이지 않을 정도로 사실적인 우주공간과 우주비행선의 내부 그리고 무중력 상태의 움직임을 보여주었습니다. 이 작품은 우주여행을 다룬 영화들에 사용되는 특수효과 기법의 한계를 뛰어넘었다는 평가를 받았습니다. 〈그림 1.2〉를 보면, 목표물의 좌표를 보여주는 원과 선이 깜박이고 위치 정보가 나옵니다. 스탠리 큐브릭은 컴퓨터로 제어되는 우주선의 계기판 정보를 보여주는 데 CGI를 사용했습니다. 애니메이션 기법을 사용하여도 충분히 같은 수준의 표현이 가능했음에도 불구하고 CGI가 사용된 것은 그만큼 CGI를 미래지향적 기

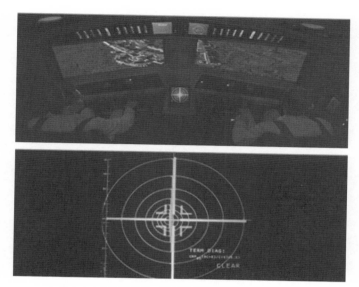

그림1.2 〈2001 스페이스 오딧세이〉의 우주선 계기판에 사용된 CGI

술로서 스탠리 큐브릭 감독이 바라보았기 때문에 가능했던 것이 아닐까 합니다.

1970년대 CGI가 사용된 대표적인 영화는 마이클 크라이튼(Michael Crichton) 감독의 SF영화 시리즈인 〈이색지대 Westworld〉(1973)와 〈미래세계 Futureworld〉(1976)입니다. 이 두 작품에 2D와 3D CGI 기법이 처음으로 사용되었습니다. 〈이색지대〉에서는 청부살인 로봇의 시점을 굵은 픽셀 패턴으로 표현하는 데 2D CGI가 사용되었고(그림 1.3), 〈미래세계〉에서는 최첨단 안드로이드로 탄생하는 주인공의

그림1.3 〈이색지대〉의 CGI로 표현된 청부살인 로봇의 시점

손과 얼굴 등의 신체 부위를 표현하는 데 최초로 3D CGI가 사용되었습니다(그림 1.4). 오늘날에는 매우 간단한 디지털 시각효과이지만, 당시에는 이를 CGI로 표현하는 데 상당히 오랜 렌더링 시간이 필요했으며, 심지어 슈퍼컴퓨터가 사용되기도 했습니다. 〈이색지대〉의 청부살인 로봇의 시점 장면은 존 휘트니와 게리 데모스(Gary Demos)가 만들었습니다. 이 CGI 장면의 개별 프레임을 렌더링하는 데만 무려 8시간이 소요되었다고 합니다. 〈미래세계〉에 나오는 안드로이드

그림 1.4 〈미래세계〉의 최첨단 기술로 탄생한 주인공
안드로이드의 얼굴 형상을 보여주는 3D CGI

의 신체 부위는 디지털 시각효과의 발전에 커다란 족적을 남긴 에드윈 켓멀(Edwin Catmull)이 제작했습니다. 당시 뉴욕 기술 연구소(The New York Institute of Technology)의 컴퓨터 그래픽 부서의 수장이었던 켓멀은 와이어프레임을 이용하여 3D 모델을 만드는 기술을 최초로 상용화했습니다.

이상의 예와 같이 1970년대에는 극소수의 영화에 CGI 기법이 사용되었습니다. 화려하고 사실적인 시각적 볼거리를 만들어내는 오늘날 디지털 시각효과 기술과 굳이 비교하지 않더라도, 〈미래세계〉와 〈이색지대〉에 사용된 CGI는 사실성이 매우 부족했기에 기존의 아날로그 시각효과를 대신하기에는 역부족이었습니다. 이는 앞서 설명한 바와 같이 영화 속 미래세계의 첨단기술을 상징적으로 보여주려는 의도가 컸으며, 당시 최신의 CGI 기술을 선보이고 잠재력을 발견하기 위한 일종의 실험이었습니다.

1977년 오스카 최우수 시각효과상을 수상한 〈스타워즈〉는 70년대 최고의 아날로그 방식의 시각효과를 선보인 작품일 뿐만 아니라, 당시 CGI의 잠재력을 대대적으로 보여준 작품이기도 합니다. 〈스타워즈〉의 CGI 기술은 시각효과 전문 제작사인 인더스트리얼 라이트 앤 매직(Industrial Light & Magic, ILM)과 밀접하게 연결되어 있기 때문에, ILM의 역사와 함께 살펴보겠습니다.

CGI의 역사에 있어서 1970년대의 가장 중요한 역사적 사건은 이후 디지털 시각효과의 혁신을 이끈 인더스트리얼 라이트 앤 매직(Industrial Light & Magic, ILM)의 설립입니다. ILM은 조지 루카스(George Lucas)가 〈스타워즈 Star Wars〉(1977)의 특수효과 제작을 위해 1975년에 설립했습니다. 한편 1978년 조지 루카스는 자신의 영화사 루카스필름(Lucas film)에 CGI 기술을 개발할 목적으로 컴퓨터 사업부를 신설합니다. 이 사업부는 나중에 ILM에 통합됩니다. 조지 루카스는 〈이색지대〉에 사용된 3D CGI를 보고 시각효과 도구로서의 잠재력을 느껴, 바로 켓멀을 컴퓨터 개발부서의 초대 팀장으로 영입했습니다. 켓멀은 이후 ILM에서 나와, 애플의 창업자 스티브 잡스(Steve Jobs)와 함께 애니메

그림 1.5 3D 와이어프레임 CGI로 표현된 데스스타의 투시도

이션 제작사 픽사(Pixar)를 창립하기 전까지, 그곳에서 기념비적인 CGI 기법을 선보이며 디지털 시각효과의 역사를 만든 장본인입니다. 〈스타워즈〉는 켓멀이 시각효과를 감독한 작품은 아니지만, 루카스가 CGI를 아날로그 시각효과의 대안으로서 실험한 작품입니다. 영화 후반부에 제국의 데스스타를 파괴하기 위한 야빈전투 직전에 저항군 지휘관 도돈나(Dodonna)가 대형 스크린 앞에서 X-윙 전투기 조종사에게 데스스타의 내부 및 공격 계획을 설명하는 장면이 있습니다 (그림 1.5). 도돈나는 R2D2의 메모리에 저장된 데스스타의 외형 및 터널의 구조를 불러와 3차원 와이어프레임의 형태로 보여주는데요, 바로 여기에 CGI가 사용되었습니다. 또한

이후 이어지는 실제 야빈 전투 장면 중, 데스스타 참호에서의 추격 장면에도 CGI가 사용되었습니다. 데스스타의 참호는 실제 12미터 길이의 미니어처로 제작되었지만, 길게 이어지는 참호의 표면에 다양한 모양을 추가하는 데 CGI 작업이 사용되었습니다.

지금까지 예시로 설명한 작품 이외에 CGI가 사용된 1970년대 영화는 로버트 와이즈(Robert Wise) 감독의 〈안드로메다 스트레인 The Andromeda Strain〉(1971), 〈스타워즈 Star Wars〉(1977), 〈수퍼맨Superman〉(1978), 〈에일리언 Alien〉(1979), 〈블랙홀 The Black Hole〉(1979) 등입니다. 디즈니가 제작한 〈블랙홀〉의 오프닝 타이틀 제작에 3D CGI 기법이 사용되었으며, 〈수퍼맨〉의 경우도 오프닝 타이틀 제작에 CGI 기법이 사용되었습니다. 1979년 오스카 시상식에서 최우수 시각효과상을 수상한 리들리 스콧(Ridley Scott) 감독의 〈에일리언〉에서는 우주선의 레이더 장치의 스크린을 통해 보이는 외계행성의 지표면을 재현하는 데 3D CGI가 사용되었습니다. 〈안드로메다 스트레인〉에는 〈2001 스페이스 오딧세이〉에서와 같이 컴퓨터 영상 장치를 재현하는 데 CGI가 사용되었습니다.

2. 1980년대와 ILM: 매트 페인팅, CG 캐릭터

1980년대부터 본격적으로 CGI가 아날로그 시각효과를 대체하기 시작합니다. 디지털 매트 페인팅(digital matte painting), CG 캐릭터(computer-generated character), 몰핑(morphing) 등의 디지털 시각효과의 중요한 기법들이 개발된 것도 이 시기입니다.

그 시작을 알린 영화가 바로 월트 디즈니사(Walt Disney Productions)가 1천 7백만 달러라는 막대한 제작비를 들인 〈트론 TRON〉(스티브 리스버거 Steve Lisberger, 1982)입니다. 이 영화는 컴퓨터 속 가상현실을 지배하는 마스터 컨트롤과 인간의 대결을 그린 SF영화입니다. 이 영화에는 실사 장면과 2D/3D CGI 기법이 결합된 장면이 235개나 되었으며, 총 길이는 15분에 달했습니다. CGI가 가장 많이 사용된 곳은 가상세계의 지배자인 마스터 컨트롤이 등장하는 장면과 컴퓨터의 가상세계에서 펼쳐지는 '라이트 사이클Light cycle' 경주 장면(그림 1.6)입니다. 디지털 시각효과 제작사 MAGI와 Triple-I(Information International Inc.)가 이 장면의 시각효과를 맡았습니다. MAGI는 CGI로 만든 대상을 빠르게 움직이게 하는 소프트웨어를 보유하고 있었고,

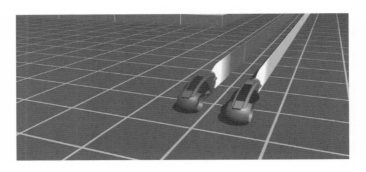

그림 1.6 ⇧
CGI로 제작된 '라이트 사이클' 장면
〈라스트 스타파이터〉의 CGI 우주선의 예
그림 1.8 ⇩

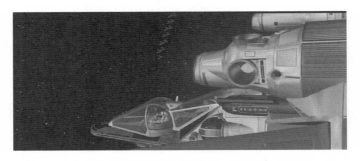

그림 1.7 디지털 매트 페인팅 기법으로 묘사된 컴퓨터 내부 세계

Triple-I는 CGI 제작 기술뿐만 아니라 완성된 CGI 시각효과를 필름으로 옮겨 넣는 기술을 가지고 있었습니다. 약 4분에 달하는 '라이트 사이클' 장면은 당시로서는 가장 대대적으로 3D CGI 효과가 사용된 사례입니다. 특히 〈트론〉의 컴퓨터 내부 세계를 묘사하는 데 대표적인 아날로그 시각효과인 **매트 페인팅** 기법이 디지털 방식으로 전환되어 사용되었습니다(그림 1.7).

물론 〈트론〉은 이윤을 남겼지만, 제작사의 기대만큼 크게 흥행에 성공하지는 못했습니다. 블록버스터 기술로서의 CGI의 잠재력을 확실하게 증명해 보이기에는 역부족이었습니다. 하지만 〈트론〉은 실제 촬영한 장면에 효과를 넣거나 CGI를 함께 결합함으로써 기존과 완전히 다른 상상의 세계를 창조할 수 있다는 가능성을 보여준 작품이며, 이를 이음

매트 페인팅(matte painting)
실제 촬영이 어려운 상상적인 배경이나 세트를 세워 촬영하기에는 많은 비용이 들어가는 경우, 이를 그림으로 대신하는 시각효과 기법이다. 디지털 방식으로 전환되기 전까지는 담당 기술자가 직접 오일이나 아크릴 물감으로 유리판에 사실적으로 그림을 그렸다. 가장 처음으로 디지털로 전환된 시각효과 기법 중에 하나이다. 디지털 방식의 매트 페인팅의 경우 촬영 현장에서 그린 혹은 블루 스크린을 배경으로 촬영 후 후반작업 과정에서 CGI로 그린 배경 장면이 합성된다.

새가 보이지 않게 결합하는 데 얼마나 완벽한 CGI 기술이 필요한지를 보여준 디지털 시각효과의 역사에 있어 기념비적인 작품입니다.

할리우드의 영화제작사는 일반적으로 우주전쟁 장면의 촬영에서 미니어처와 스톱모션 기법을 활용했습니다. 1984년 기존의 아날로그 방식을 완전히 CGI로 대체한 〈라스트 스타파이터 The Last Starfighter〉(닉 캐슬 Nick Castle)가 개봉합니다. 기존에 미니어처로 제작된 우주선이 이 영화에서는 모두 CGI로 구현되었습니다(그림 1.8). 우주 장면이나 전쟁 장면의 대부분 역시 CGI로 제작되었는데요, 대략 230장면에 CGI가 사용되었으며, 이를 모두 합치면 27분 정도의 분량이었습니다.

이 영화의 CGI를 담당한 회사는 게리 데모스와 존 위트니가 1981년에 설립한 CGI 전문 제작사 '디지털 프로덕션 (Digital Productions)'입니다. 데모스와 위트니는 보다 많은 디지털 시각 데이터를 처리하기 위해 1천만 달러라는 비용을 투자하여 슈퍼컴퓨터 'Cray X-MP'를 구입했습니다. 시각효과의 역사에서 〈라스트 스타파이터〉는 슈퍼컴퓨터가 사용된 최초의 작품이라 할 수 있습니다. 이 영화의 총 제작비는 1천 4백만 달러였는데, 그중에서 CGI 장면 제작에 들어간 비용만 5백만 달러, 총 비용의 1/3분에 달했다고 합니다.

하지만 안타깝게도 이 작품은 흥행에 참패했습니다. 그 원인은 기존의 아날로그 방식으로 제작된 SF영화와 비교해 CGI 장면의 사실성과 입체감이 크게 부족했기 때문입니다. 그렇다고 해서 이 영화가 CGI의 잠재적 가치와 미래에 부정적 영향을 미치지는 않았습니다. 오히려 이 영화로 인해 할리우드의 제작사는 CGI의 필요성을 더욱 실감했다고 합니다. 왜냐하면, 아날로그 방식으로 제작했을 경우와 비교했을 때, 이 영화는 CGI 기술을 통해 제작기간에 있어서 약 30%, 그리고 비용에 있어서는 무려 50%의 절감효과를 냈기 때문입니다.

1980년대는 디지털 프로덕션과 같은 신생 시각효과 제작사가 등장했지만, 루카스가 설립한 ILM이 가장 눈부신 성과를 냈던 해입니다. 켓멀이 이끄는 컴퓨터 개발부서는 1982

픽사(The Pixar Image Computer)
루카스필름에서 제작한 컴퓨터 그래픽 전용 컴퓨터이다. 픽사는 영화 시각효과분만 아니라, 광고, 의학, 지리물리학 분야 등 최고급 시각 정보 산업에
사용될 목적으로 개발되었다. 기존의 아날로그 방식의 영상 및 음향의 합성과 편집을 디지털로 방식으로 전환하는 데 기여했다. 1986년 스티븐 잡스(Steven Jobs)는 픽사를 인수하여 이듬해에 제2세대 픽사를 내놓았다. 제1세대 픽사는 오늘날 환율로 계산하면 1대 당 4억 원에 달하는 고가의 컴퓨터 장비였다.

년 '픽사 the Pixar Image Computer'라는 이름의 최초의 CGI 제작용 컴퓨터를 개발합니다. 예를 들면, ILM은 픽사를 이용하여 〈스타 트렉 2: 칸의 분노 Star Trek II: The Wrath of Khan〉(Nicholas Meyer)에서 죽은 행성이 미사일 폭발로 지구와 같은 생명을 얻게 되는 장면을 제작합니다. '창세기 효과 the Genesis Effect'라고 불린 이 장면은 60초 길이의 100% CGI로 제작되었습니다. '창세기 효과'의 시각효과 작업을 감독한 켓멀은 픽사를 이용하여 디지털 매트 페인팅 기법을 사용하였으며, 오늘날 마야(MAYA)와 3DS 맥스(MAX) 등의 디지털 시각효과 소프트웨어의 플러그인 프로그램인 FumeFX의 전신이라고 볼 수 있는 불, 산맥, 해변과 같은 이미지를 생성하는 알고리듬을 최초로 개발하기도 했습니다(관련 영상: 29쪽 박스).

ILM의 시각효과 감독 데니스 뮤렌(Denis Muren)은 픽사를 이용하여, 〈스타워드 VI - 제다이의 귀환 Star Wars VI - The Return of Jedi〉에서 엔도르 스타(Endor Star)와 데스 스타(the Death Star)의 홀로그램 장면을 제작했습니다. 〈그림 1.9〉에서와 같이, 데니스 뮤렌은 실사 장면과 완벽하게 데스 스타의 CGI를 결합하여 홀로그램이라는 미래 기술의 사실성을 높였습니다.

또한 픽사는 〈영 셜록 홈즈 Young Sherlock Holmes〉 (1985)에 등장하는 스테인드글라스 기사의 CG 작업에 사용

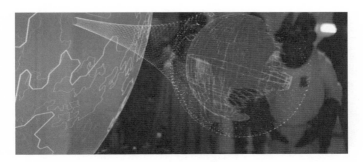

그림 1.9 〈스타워드 VI - 제다이의 귀환 〉에서 '데스 스타'의 홀로그램

되었습니다. 영화 초반부, 성당의 스테인드글라스에 그려진 중세의 기사가 유리에서 튀어나와 가톨릭 신부를 위협하는 장면이 있습니다. 이는 신부의 눈에만 보이는 환영입니다. 〈그림 1.10〉에서와 같이 스테인드글라스에서 현실세계로 나온 반투명의 중세 기사가 신부를 향해 서서히 다가옵니다. 유리로 만들어진 중세 기사의 사실성과 이 장면의 긴장감은 매우 압권입니다. 성당의 스테인드글라스의 시각효과 작업에 디지털 매트 페인팅 기법이 사용되었습니다. 상상의 스테인드글라스 기사는 디지털 시각효과의 역사에서 최초의 컴퓨터로 제작된 **CG 캐릭터(computer-generated character)** 입니다. 이는 이후 〈쥬라기 공원〉과 〈파이널 환타지〉의 CG 공룡과 아키 로스의 제작에 많은 영향을 미쳤습니다. 또한 이후 〈반지의 제왕〉의 골룸과 〈아바타〉의 나비와 같은 모션 캡처(motion capture) 기술로 완성된 상상적 캐릭터로 발

그림 1.10 〈영 셜록 홈즈〉의 스테인드글라스 기사

전됩니다.

특히 〈영 셜록 홈즈〉의 시각효과를 감독한 데니스 뮤렌은 CG 캐릭터를 실제 장면과 결합할 때 이전과 달리 35mm 필름에 직접 CG 캐릭터를 입히는 새로운 방식을 성공적으로 선보였습니다. 기존에는 컴퓨터 화면에 보이는 CG 캐릭터를 카메라로 직접 촬영한 후, **옵티컬 프린트(optical printing)** 기법을 이용하여 이를 실제 촬영 장면과 결합했습니다. 하지만 이 작품에서 뮤렌은 화질 저하라는 기존의 옵티컬 방식의 단점을 보완하기 위해, **레이저 스캐닝(laser scanning)**이라는 새로운 영상 합성 기법을 고안합니다. 레이저 스캐닝은 레이저 기록 장치를 이용하여 필름에 직접 CGI로 제작한 캐릭터를 입혀 이를 실사 장면이 담긴 필름과 옵티컬 프린트 기법으로 결합하는 방식입니다. 데니스 뮤렌은 이 기법을 통해 영상의 화질 손상을 최소화 했을 뿐만 아니라 CG 캐릭터와 실제 인물 사이의 공간적 일체감을 보다 높일 수 있었습니다. 레이저 스캐닝은 디지털 편집 기법이 등장할 때까지 CGI로 제작한 시각효과를 실사 장면에 결합하는 데 주로 사용되었습니다.

CG 캐릭터(computer-generated character)
컴퓨터 그래픽으로 만들어진 등장인물을 가리킨다. 영화 속에 등장하는 상상의 인물이나 동물 등의 비인간 캐릭터를 표현하는 데 사용된다. 모션캡처 등의 디지털 영상 기술을 통해 실제 배우와 완벽한 호흡의 연기를 보여주는 사실적이고 정교한 CG 캐릭터 제작 기술로 발전하고 있다.

레이저 스캐닝(laser scanning)
필름에 기록된 이미지를 디지털 이미지 데이터로 변환하거나 그 반대로 CGI를 필름에 기록하는 레이저 장비.

옵티컬 프린트(optical printing)
디졸브, 페이드 인/아웃, 매트 페인트와 같은 시각효과를 완성하는 데 사용되는 필름 특수효과로서, 촬영된 필름의 전체 혹은 일부분을 반복해서 재촬영하여 이미지를 합성하는 기법이다.

3. 놀라운 변신의 기술: 디지털 몰핑, 레이저 스캐닝, 디지털세트

디지털 매트 페인팅과 CG 캐릭터와 함께 이 시기에 등장한 대표적 CGI 기술은 **몰핑(morphing)**입니다. 몰핑은 특정 사물을 단일 쇼트에서 다른 사물로 변형시키는 디지털 시각효과 기술입니다. 이 시각효과 기법 역시 ILM에서 최초로 선보였습니다. 몰핑 기술이 사용된 최초의 작품은 조 단테 감독의 〈이너스페이스 Innerspace〉(1987)입니다. 이 영화에서 몰핑 효과가 사용된 장면의 이야기는 이렇습니다. 잭의 몸속에 들어간 주인공 터크는 다시 본래의 크기로 돌아가게 하는 칩을 되찾기 위해서 잭의 얼굴을 카우보이로 변신시키고, 악당에게 접근합니다. 하지만 적은 이 사실을 눈치 채고, 급기야 잭의 얼굴이 다시 본래 모습으로 돌아가게 됩니다. 존 단테 감독은 카우보이 형상에서 본래 잭의 얼굴로의 '변신' 과정을 보여주는 데 디지털 몰핑 기법을 처음으로 사용했습니다. 이 영화의 시각효과 감독 역시 데니스 뮤렌이었습니다(관련 영상: 35쪽 박스).

〈이너스페이스〉에 사용된 디지털 방식의 몰핑 시각효과 기법은 매우 초기적인 기술이었습니다. 보다 완성도 있는 몰

그림 1.11 CGI 몰핑 기술이 사용된 〈윌로우〉의 헛간 장면

핑 효과는 론 하워드(Ron Howard) 감독의 1988년 작품인 〈윌로우 Willow〉에서 등장합니다. 영화 후반부, 헛간에서 여자 마법사가 난장이 윌로우의 마법으로 염소에서 타조, 거

몰핑(morphing)

메타몰핑(metamorphing, 변형)의 약자로, 하나의 형상이 전혀 다른 형상으로 자연스럽게 변하는 기법이다. 디지털 방식의 몰핑 기법이 등장하기 전까지는 모형을 제작한 후 스톱모션 기법이나 디졸브 기법을 통해 변신 효과를 만들었다. 컴퓨터 그래픽 기술을 통해 정교하고 사실적인 변신 효과가 가능해졌다. 마이클 잭슨의 〈Black and Whitle〉의 뮤직비디오에 디지털 몰핑 기법이 매우 효과적으로 사용되면서 대중에게 알려졌다. 한국영화 중에서는 〈구미호〉의 여주인공 고소영이 여우로 변신하는 장면에 디지털 몰핑 기법이 처음 사용되었다.

북이, 호랑이 그리고 마지막으로 다시 본래의 모습으로까지 변신하는 장면에 몰핑 기법이 사용되었습니다(그림 1.11). 이전의 아날로그 방식의 몰핑 기술의 경우 모형이나 인물을 교체하기 위해 필수적으로 쇼트를 나누어야 했습니다. 디지털 방식의 몰핑 기법이 사용된 〈이너스페이스〉에서도 기술적 한계로 인해 감독은 잭의 마지막 변신 부분에서 쇼트를 나누어야 했는데 〈윌로우〉에서는 쇼트의 변화 없이 각각의 변신 과정이 보다 완벽한 디지털 몰핑 기법을 통해 사실적으로 표현되었습니다. 덕분에 '변신'이 더욱 진짜처럼 관객에게 전달될 수 있었습니다.

ILM에서는 〈윌로우〉를 위해 '몰프 the MORF'라는 이름의 몰핑 시스템을 개발했습니다. 이 시스템 개발의 책임자는 시각효과 감독 더그 스미스(Doug Smythe)입니다. 더그 스미스는 1992년에 디지털 몰핑 기술의 발전에 기여한 공로를 인정받아 기술업적상(Technical Achievement Award)을 받았으며, 같은 해 〈죽어야 사는 여자 Death Becomes Her〉로 최우수 시각효과상을 받았습니다. 디지털 몰핑 기법의 사례를 통해 우리는 CGI 기법의 또 다른 잠재력을 발견했다고 볼 수 있는데, 이것은 바로 허구적인 영화 세계를 진짜처럼 믿게 만드는 사실성의 효과입니다. 사실성의 효과는 이후 계속해서 이 책에서 우리가 주목하고자 하는 디지털 시각효과의 중요한 기능 중에 하나입니다.

그림 1.12 〈어비스〉에서 주인공 린지와 수중 생명체와의
첫 조우 장면

1989년 제임스 카메론(James Cameron) 감독의 영화
〈어비스 Abyss〉의 개봉은 80년대 디지털 시각효과의 역사
에 있어서 기념비적인 순간입니다. 그 이유는 이렇습니다.
첫째, 80년대 최첨단의 CGI기술이 모두 사용된 작품이기
때문이며, 무엇보다도 가장 최신의 CGI 기술인 몰핑 기법이
보다 사실적이고 완벽하게 사용되었기 때문입니다. 둘째, 지
금까지 CGI는 특별한 상황에 잠깐 등장하는 정도이거나 스
펙터클한 장면을 강조하려는 목적에서 사용되었을 뿐, 영화
의 이야기를 주도적으로 이끌어가는 역할을 하지는 않았습
니다. 하지만, 〈어비스〉에서는 CGI가 최초로 영화의 이야기
와 긴밀하게 연결되었습니다. 〈어비스〉로 인해 CGI가 더 이
상 '특별한' 효과가 아닌 일반적으로 영화 이야기를 전달하
는 주된 수단으로 사용되기 시작했다고 볼 수 있습니다. 따

라서 〈어비스〉를 기점으로 영화의 역사에 있어서 스토리텔링의 도구로서 디지털 시각효과의 시대가 열린 것이라 할 수 있습니다.

〈어비스〉는 빛을 발하는 정체불명의 수중생물에 관한 영화입니다. 이 생명체는 특별한 형체를 가지고 있지 않습니다. 대신 어떠한 대상으로도 변형이 가능한 능력을 가지고 있습니다. 이 생명체는 물로 만들어졌기 때문에 투명하고, 주변 사물을 반사합니다. 이렇게 신비한 수중 생명체를 사실적으로 관객에게 보여주기 위해 제임스 카메론은 다양한 방법을 구상했습니다. 제임스 카메론은 전통적인 특수효과 방식대로 스톱 모션 애니메이션 기법과 기계 장치를 이용하여 이 수중 생명체 효과를 만들려 했습니다. 하지만 투명하고 주변사물을 반사하는 성질을 보여주기에는 기존의 아날로그 시각효과는 많은 한계가 있었습니다. 시각효과를 담당한 데니스 뮤렌은 제임스 카메론에게 CGI 기법을 이용하여 수중 생명체를 가상으로 만들기를 제안합니다. 데니스 뮤렌은 ILM의 몰핑 소프트웨어 '몰프'와 레이 트레이싱 기법 등 다양한 CGI 시각효과를 이용하여 상대방의 얼굴로 변신하는 신비한 수중 생명체를 완벽하게 시각적으로 표현했습니다. 특히, 데니스 뮤렌은 수중 생명체의 반투명한 외형을 사실적으로 묘사하기 위해서 일종의 가상 세트인 **디지털 세트 (the digital set)** 기술을 처음으로 도입했습니다. 디지털 세트는 컴퓨터 가상공간에서 카메라의 위치, 움직임 및 조명 등 물리적 환경 조건의 변화를 반영하여 CGI로 제작한 캐릭터의 신체 비율이나 명암과 그림자와 같은 외형을 자연스럽게 표현할 수 있는 디지털 시각효과입니다. 기존에는 CGI로 묘사한 사물이나 캐릭터를 실제 카메라로 찍어 실제 장면에 결합하는 방식에 만족했다면, 디지털 세트 기술을 통해서는 실제 촬영한 장면의 조명조건이나 카메라 움직임을 반영하여 CGI로 제작한 사물의 위치와 크기와 색을 더욱 세밀하게 조작할 수 있게 되었습니다. 〈그림 1.12〉와 같이 수중 생명체와 주인공 린지의 접촉을 매우 사실적으로 보여줄 수 있었던 것은 모두 디지털 세트 기술 덕분이었습니다.

물론 이 수중 생명체는 디지털 시각효과로 탄생한 상상의 캐릭터입니다. 하지만, 제임스 카메론 감독은 이 가상의 생명체의 사실성을 높이기 위해 일부러 등장인물과 직접적으로 접촉하는 장면을 연출했습니다. 관객은 수중 생명체가 시각효과로 만들어진 가짜임을 알지만, 이렇게 CG 캐릭터와 실제 배우가 서로 접촉하는 장면을 통해 수중 생명체를 실제로 살아 있는 것으로 받아들이게 되고, 더욱 이야기에 몰입하게 됩니다. 바로 이것이 스토리텔링의 도구로서의 CGI 시각효과의 잠재력입니다. 화려한 볼거리를 완벽하게 보여주는 기능뿐만 아니라, 영화 속 세상으로 관객을 몰입시키는 힘, 즉 이야기를 전달하는 능력인 것입니다. 1980년대 최고의 디지털 시각효과를 선보인 〈어비스〉는 1989년 오스카 시상식에서 최우수 시각효과상을 받았습니다. 〈어비스〉의 CGI 효과로 인해 할리우드의 많은 영화 제작사는 CGI를 시각효과만이 아닌 이야기를 전달하는 도구로서 바라보기 시작했습니다. 이러한 의미에서 〈어비스〉는 지금까지 우리가 CGI라고 부른 가상 이미지가 아날로그 특수효과로 해결할 수 없는 연출상의 문제를 해결하는 특별한 도구에서 벗어나 이야기를 전달하는 영화 언어로서의 자신의 잠재력을 보여 준 최초의 작품이라 할 수 있습니다.

지금까지 디지털 몰핑, 디지털 매트 페인팅, CG 캐릭터, 레이저 스캐닝, 디지털 세트 등의 초기 디지털 시각효과 기법을 설명하기 위해 예로 제시한 영화들 이외에, CGI가 효과적으로 사용된 1980년대 영화들은 다음과 같습니다.

- 〈미인계 Looker〉(1981)
  마이클 크라이튼의 SF영화. 여주인공 신디(Cindy)의 3D CG 이미지를 제작하기 위해 처음으로 3D 디지털스캐닝 장비가 사용되었다.

- 〈슈퍼맨3 Superman III〉(1983)
  슈퍼맨과 악당 로스 웹스터의 슈퍼컴퓨터의 대결이 펼쳐지는 '비디오 게임' 장면이 100% CG 애니메이션으로 제작되었다.

- 〈앙드레와 월리 B의 모험 The Adventures of André and

Wally B.>(1984) 루카스 필름의 컴퓨터 그래픽 부서(픽사)에서 제작한 최초의 CGI 단편 애니메이션.

- **〈렌즈맨 Lensman〉**(1984)
  CGI가 사용된 최초의 일본 애니메이션 극영화.

- **〈2010 우주여행 2010: The Year We Make Contact〉**(1984)
  스탠리 큐브릭 감독의 〈스페이스 오디세이 2001〉를 잇는 피터 하이엄스(Peter Hyams) 감독의 인류의 우주탐험 이야기. 대적점(Great Red Spot)과 타원형 소용돌이로 뒤덮인 목성을 묘사하는 데 CGI 기법이 사용되었다.

- **〈코쿤 Cocoon〉**(1985)
  외계인과 UFO의 제작에 CGI가 사용되었다. 1985년 오스카 시상식에서 최우수 시각효과상을 받음.

- **〈협곡의 실종 Flight of the Navigator〉**(1986)
  미지의 세계에 대한 탐험을 다룬 랜달 클라이저(Randal Kleiser) 감독의 SF영화. 액체 합금으로 만들어진 UFO를 묘사하는 데 CGI 몰핑 기법이 사용되었다. 이 효과는 나중에 〈터미네이터 2〉의 T-1000의 CG 작업에 사용되었다.

- **〈위대한 명탐정 바실 The Great Mouse Detective〉**(1986)
  수작업 셀 애니메이션과 CG 배경이 결합된 최초의 애니메이션 극영화.

- **〈사라의 미로여행 Labyrinth〉**(1986)
  최초의 CG 동물 캐릭터(부엉이)가 등장한 작품.

- 〈누가 로저 레빗을 모함했나 Who Framed Roger Rabbit〉 (1988) 최초이자 완벽한 방식으로 실제 배우와 CG 캐릭터의 결합을 보여준 작품이다. CGI를 통해 정교한 명암효과, 조명, 그림자 효과를 보여주었다. 〈월로우〉와 〈다이 하드〉를 제치고 오스카 시상식에서 최우수 시각효과상을 받았다.

- 〈백 투더 퓨처 Back to the Future〉(1989)
  로버트 저메키스(Robert Zemeckis) 감독의 시간여행 영화. 영화에 등장하는 3D Jaws 영화의 홀로그램 광고판이 3D CGI로 제작되었다.

- 〈인디아나 존스: 최후의 성전 Indiana Jones and the Last Crudade〉(1989) 월터 도노반 얼굴의 급격한 노화 장면이 디지털 몰핑 기법으로 표현되었다.

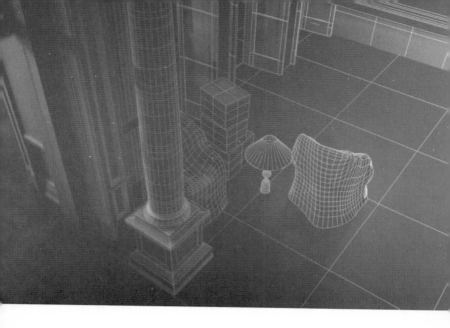

제2장 세기말의 디지털 시각효과,
1990~1999

"CG 기술의 혁명이 일어나고 있다. 〈터미네이터 2〉는 바로 그 시작이다."

— 스티브 윌리엄스(Steve Williams)

1. 디지털 VFX로의 전환

1990년대는 영화산업에서 '디지털로 가자!'라는 목소리가 높아졌던 시대입니다. 즉, 디지털 시각효과가 본격적으로 영화 제작에 사용되기 시작했던 해이자, 영화산업의 전 분야가 아날로그 방식에서 디지털의 방식으로 빠르게 전환된 시대였습니다.

1990년대 초반에 등장한 디지털 시각효과 중에서 이전 시대와의 연속성의 측면에서 보았을 때 눈여겨볼 것은 CCD 디지털 입력 스캐너(CCD Digital Input Scanner), 로토스코핑(rotoscoping), 매치무빙(match moving), 디지털 입력 장치(Digital Input Device), 3D 모델링(modeling), 디지털 인터미디어트(DI) 등과 같이 CGI로 만들어진 캐릭터와 사물 그리고 배경을 실사 장면과 더욱 사실적이고 이음새 없이 합성하는 디지털 시각효과 기법들의 등장입니다. 이 시기 디지털 시각효과는 관객의 눈을 멍하게 만들 정도로 경이로운 영상을 창조할 수 있는 마법 같은 도구로 발전하였습니다.

1991년에 개봉한 〈터미네이터2: 심판의 날 Terminator 2: Judgement Day〉은 그해 최고의 흥행 수입을 기록했습니다. 많은 할리우드 제작사는 이 기록적인 흥행이 바로 디

그림 2.1 디지털 몰핑 기법으로 완벽하게 재현된 T-1000

지털 시각효과 때문이라고 간주했습니다. 〈터미네이터2〉의 매력적인 악당 T-1000을 기억하시나요? T-1000은 인류의 구원자가 될 존을 미리 제거하기 위해 미래에서 온 액체금속 로봇입니다. T-1000은 그 물질성에 걸맞게 접촉하는 모든 사물로 완벽히 변신할 수 있는 능력이 있습니다. 디지털 시각효과로 완벽하게 묘사된 T-1000은 관객들의 넋을 빼앗았습니다. 〈터미네이터 2〉의 흥행 성공은 존을 보호하기 위해 미래에서 온 터미네이터(아놀드 슈왈제네거) 덕분이라기보다 CGI 시각효과를 통해 화려한 변신의 기술을 자랑한 T-1000 덕분이지 않았을까요?

〈터미네이터〉에서 디지털 시각효과로 변형된 프레임 수를 더하면(대부분 T-1000에 사용), 대략 8,000 프레임이라고 합니다. 당시로서는 가장 큰 용량의 고화질 디지털 시각

 그림 2.2 직접 배우의 몸에 와이어프레임을 그린 후 디지털
스캐닝 과정을 거쳐 T-1000의 정교한 3D CGI 모델을 구
현하기 위해 필요한 데이터를 추출했다.

효과가 사용된 영화였습니다. 특히 T-1000은 3D CG 캐릭터였기 때문에 T-1000의 변신과 움직임의 렌더링 작업에는 막대한 양의 디지털 데이터가 처리되어야 했습니다. ILM은 대량의 디지털 시각효과 작업을 위해 기존 8명으로 구성된 팀을 35명으로 늘리고 실리콘 그래픽스(Silicon Graphics)에서 총 35대의 최신 그래픽 전용 컴퓨터를 구입했습니다. 그 비용만 수천만 달러에 달했습니다.

〈터미네이터 2〉는 완벽한 디지털 몰핑 기법을 서사의 도구로 사용한 작품으로, 이를 위해서 〈터미네이터 2〉의 시각효과팀은 디지털 입력 스캐너 기술을 처음으로 도입했습니다. T-1000은 접속하는 사물로 자유롭게 변신하는 액체금속 로봇입니다. 〈터미네이터 2〉의 시각효과를 총 지휘한 인물은 〈어비스〉의 시각효과를 담당했던 데니스 뮤렌이었습니다. T-1000은 〈어비스〉의 수중 생명체와 달리 인간의 형상이었기에 더욱 사실적으로 표현되어야 했습니다. 데니스 뮤렌은 사실적인 T-1000의 3D 모델을 만들기 위해 〈그림 2.2〉에서와 같이 직접 배우의 몸에 와이어프레임을 그려 촬영한 후, 필름의 매 프레임을 디지털스캐닝하여 디지털 영상으로 변환했습니다. 데니스 뮤렌이 이끄는 시각효과팀은 이렇게 얻어진 디지털 영상에서 배우 몸에 그려진 와이어프레임의 정보만을 추출하여 CGI로 제작한 T-1000의 외형을 실제 배우의 몸에 맞게 수정하고 움직임을 보다 사실적으로 구현하는 데 사용했습니다. 이는 오늘날 〈아바타〉의 나비족과 같은 CG 캐릭터를 움직이는 데 사용되는 모션캡처 기술의 전신이라고 할 수 있습니다. 터미네이터와 T-1000의 첫 번째 추격전의 마지막 장면을 보시기 바랍니다(그림 2.1). 화염 속에서 유유히 걸어 나와서 멀쩡한 경찰의 모습으로 변신하는 장면이 바로 이렇게 완성되었습니다.

〈터미네이터 2〉의 시각효과를 제작한 ILM은 3D 와이어프레임으로 구성된 T-1000에 사실적인 외형과 색 그리고 완만한 곡선으로 이루어진 근육질의 느낌을 입히기 위해 '바디삭(Body Sock)'이라는 렌더링 프로그램을 개발하였습니다. 완전한 3D 캐릭터를 구성하는 데 있어 이와 같은 그래픽 소프트웨어의 개발이 기여한 점이 많았지만, 무엇보다 디지털 시각효과 제작팀이 소프트웨어를 통해 가공할 수 있도록 필름 형태의 시각 정보를 디지털 데이터로 변환시키고, 이를 다시 필름으로 옮기는 하드웨어의 개발이 뒷받침되지 않았다면 불가능했을 것입니다. 1991년 ILM은 코닥(Kodak)과 함께 이전에 개발한 디지털 스캐너 장비를 발전시켜 극영화 제작 및 상영용 35mm 필름을 프레임 당 20~30초의 속도로 화질 손실 없이 고화질의 디지털 스캔과 기록이 가능한 장비를 개발합니다. 이 장비의 이름은 '삼선형 다중 스펙트럼 고화질 CCD 디지털 입력 스캐너(Tri-Linear Multi- Spectral High Resolution CCD Digital Input Scanner)'입니다. 이 장비 덕분에 실제 촬영된 필름 이미지를 컴퓨터 그래픽 프로그램을 통해 감독의 주문대로 변형 및 수정하는 것이 가능해졌습니다. 예를 들어보겠습니다. 〈터미네이터 2〉에서 액체금속 T-1000의 능력을 가장 확실하게 보여주었던 장면 중, T-1000이 정신병동의 야간 경비원으로 변신하는 장면을 보겠습니다. 경비원이 격자무늬 바닥을 밟고 지나간 후 T-1000이 격자무늬 바닥에서 서서히 경비원의 모습으로 변신합니다. 경비원이 격자무늬 바닥을 밟고 지나간 부분은 아무런 CGI 효과가 사용되지 않은 실사 그대로의 영상입니다. 그 이후 바닥에서 T-1000이 살아나오는 부분은 CGI 효과로 완성된 부분입니다. 이 두 장면은 별개의 장면임에도 불구하고 화질이나 색감에 있어서 이질감을 느낄 수 없는데요. 이는 고화질의 스캔 능력을 지닌 CCD 디지털 입력 스캐너 덕분에 가능했습니다.

과거 CGI로 만든 이미지를 옵티컬 방식으로 결합해야 했던 때와 비교하면 디지털 입력 스캐너의 등장은 효율성이나 효과 면에서 비교할 수 없을 정도의 진보라고 할 수 있습니

디지털 입력 스캐너(CCD Digital Input Scanner)
2~4K의 고화질로 필름에 기록된 이미지를 디지털 영상으로 변환하거나 디지털 시각효과로 변형/수정된 최종 디지털 영상을 필름에 기록하여 극장 상영용 고품질 프린트를 제작하는 장비이다.

다. 또한 이 장비는 이전과 달리 디지털 시각효과로 최종 완성된 장면을 고화질의 극장 상영용 필름(이를 '극장용 프린트'라 부릅니다)에 직접 옮길 수 있는 기능을 갖추고 있었습니다. 이는 무엇보다도 영화감독과 시각효과 감독에게 매우 중요한 도구가 되었는데요, 그 이유는 이렇습니다. 과거에는 디지털 방식으로 변형을 가하더라도 최종 단계에서는 필름으로 촬영해서 극장 상영용 프린트를 제작했습니다. 이 과정에서 부득이하게 화질의 손실이 생길 수밖에 없었습니다. 하지만 CCD 디지털 입력 스캐너는 디지털 시각효과로 수정된 최종 영상을 극장 상영에 사용할 수 있을 정도의 고화질로 직접 필름에 기록할 수 있었습니다. 감독은 비로소 화질의 손실 없이 최상의 디지털 시각효과를 보여줄 수 있었으며, CGI 효과가 사용된 장면과 그렇지 않은 장면을 화질의 차이 없이 자연스럽게 연결하여 보여줄 수 있었습니다.

이 장비의 등장으로 기존의 광학적 방식의 시각효과 합성은 완전히 자취를 감춥니다. 〈터미네이터 2〉의 디지털 시각효과는 많은 부분 시각적 스펙터클을 선보이는 데 사용되었습니다. 앞서 설명한 바와 같이, 당시 ILM의 독보적 기술인 몰핑이 가장 효과적으로 사용된 작품입니다. 하지만 〈터미네이터 2〉가 다른 동시대 영화들과 다른 것은 사물을 변신시키는 몰핑 기술을 영화의 이야기에 매우 적절하게 결합시킨 점입니다. T-1000이 액체와 금속의 성질을 모두 지닌 하이브리드 로봇이 아니었더라면 몰핑 기술은 단지 스펙터클만을 강조하는 기술로 사용되었을 것이며, 〈터미네이터 2〉의 기승전결이 그렇게 효과적으로 전개될 수 없었을 것이라고 조심스럽게 추측해 봅니다.

2. 〈쥬라기 공원〉과 〈포레스트 검프〉의 시각효과: 로토스코핑 & 매치무빙

1993년 디지털 시각효과의 혁명적 발전이라는 찬사를 낳은 영화가 개봉합니다. 이 작품의 시각효과를 총 지휘한 인물은 바로 데니스 뮤렌이었습니다. 데니스 뮤렌은 이 작품을 두고 이렇게 말했습니다. "컴퓨터 그래픽은 이제 가장 강력한 도구입니다." 이 영화는 미국 밖에서만 무려 1억 달러 이상의 흥행 수익을 거두었을 뿐만 아니라, 당시 역대 최고의 흥행작이 되었습니다. 많은 영화 제작자들은 이 성공은 디지털 시각효과 덕분이라고 보았습니다. 이 작품 이후로 동일한 경제적 효과를 보기 위해 마치 경쟁이라도 하듯이 막대한 예산을 전략적으로 디지털 시각효과에 쏟은 블록버스터 영화들이 제작비 기록을 갱신하며 제작되기 시작했습니다. 할리

그림 2.3 매치무빙과 로토스코핑 기법의 조화로 완성된
〈쥬라기 공원〉의 칼리미무스 장면

우드뿐만 아니라 전 세계 영화산업에서 디지털 시각효과의
위대함을 증명해 보인 이 작품은 바로 스티븐 스필버그의
〈쥬라기 공원 Jurassic Park〉입니다.

  〈쥬라기 공원〉은 CG 공룡을 완벽히 선보이며, 디지털 시
각효과가 얼마나 강력한 시각적·서사적 도구인지를 증명해
보였습니다. 이 디지털 공룡을 탄생시키는 데 디지털 시각효
과의 중요한 두 가지 기술이 새롭게 사용되었습니다. 이 기
법은 **로토스코핑**과 **매치무빙**입니다.

  본래 스티븐 스필버그는 영화에 등장하는 모든 장면에 실
제 크기로 제작한 로봇 공룡을 사용하려고 했습니다. 데니
스 뮤렌은 모형 공룡보다 더 진짜처럼 보이는 공룡을 CGI로

제작할 수 있다고 스필버그 감독을 설득했습니다. 그 결과, 로봇 공룡의 사용이 최소화 되었고, 대부분 장면에서 CG 공룡이 그 자리를 대신하게 되었습니다.

〈쥬라기 공원〉에서 CG 공룡이 가장 스펙터클하게 등장하는 장면을 보겠습니다(그림 2.3). 갈리미무스(Gallimimus)가 초원을 뛰어다니는 장면입니다. 이 장면에서 주인공들은 갈리미무스를 피해 도망갑니다. 〈그림 2.3〉의 관련 영상에서 볼 수 있듯이, 실제 촬영 현장에는 갈리미무스는 당연히 한 마리도 없었습니다. 단지 주인공들은 갈리미무스 무리가 이들을 쫓아온다고 상상하며 달려야 했습니다. 이렇게 촬영된 장면에 CGI로 제작된 사실적인 모습의 갈리미무스 무리가 후반작업에서 추가되었습니다.

ILM 시각효과팀은 사실적인 CG 공룡 작업을 위해 '뷰페인트 ViewPaint'와 '엔벨로핑 Enveloping' 그리고 '소프트

매치무빙(matchmoving)
실사 영상자료에서 카메라의 위치와 이동과 속도 등을 복원/추적하여 해당 영상을 3차원 가상공간에 그대로 재창조하는 기법. 3D CGI 객체나 CG 효과를 실제 영상과 정밀하게 일치시킴으로써 하나의 단일 영상으로 만드는 데 필요한 기초 작업이다.
매치무버(Matchmover), 3D 이퀄라이저(3D Equalizer), 부주(Boujou), 신사이즈(Syntheyse) 등의 다양한 매치무브 프로그램이 있다.

그림 2.4 CGI로 제작된 디노사우르스 장면을 실사 장면에 합성하는 데 로토스코핑 기법이 사용되었다.

이미지 Softimage'라는 최신의 그래픽 소프트웨어를 개발했습니다. 뷰페인트는 3D 와이어 프레임으로 만들어진 CG 캐릭터나 사물에 가죽 등의 외형을 추가하는 프로그램입니다. 엔벨로핑은 〈터미네이터 2〉의 시각효과에 사용된 프로그램인 '바디 삭'과 연동되는 프로그램으로서 CG 공룡의 뼈의 움직임이 피부로 드러나게 하는 효과를 만들어 내는 소프트웨어입니다. 소프트이미지는 공룡의 특정 신체 부위의 움직임을 이와 연결된 다른 신체 부위의 움직임에 연동시켜 조화로운 운동을 만들어내는 프로그램입니다.

CG 공룡 시각효과 작업 중에서 ILM의 난제는 도망가는 주인공을 따라가는 카메라의 움직임에 맞게 갈리미무스의 위치와 입체감을 변형하는 작업이었습니다. ILM 시각효과팀은 앞서 설명한 소프트이미지 프로그램을 응용하여 CG 공룡의 위치와 움직임을 실제 촬영된 장면의 카메라의 움직임에 정확하게 연결시키는 데 사용했습니다. 이는 오늘날 매치무빙 기법의 초기 사례라고 할 수 있습니다.

사실적인 CG 공룡을 창조하기 위해 데니스 뮤렌 시각효과 감독이 새롭게 시도한 또 다른 기법은 로토스코핑입니다. 로토스코핑은 특정 장면에서 원하는 부분만 오려내는 기능입니다. 일반적으로 디지털 이미지를 합성하는 데 사용되는 매우 기초적인 기법입니다. 〈그림 2.4〉에서와 같이, 티라노사우르스가 갈리미무스를 잡아먹는 장면에서 로토스코핑 기법이 사용되었습니다. 이 장면에서 나무 뒤에서 티라노사우르스의 사냥 장면을 보고 있는 주인공의 모습은 스튜디오에서 블루 스크린을 배경으로 촬영되었습니다. 이 장면은 후반작업에서 뷰페인트와 엔벨롭핑 프로그램으로 완성된 갈리미무스를 사냥하는 티라노사우르스 CG와 합성되었습니다. ILM 시각효과팀은 블루스크린을 배경으로 촬영한 장면에서 주인공과 나무 이미지만 오려내는 데 로토스코핑 프로그램인 '컬러버스터(ColorBurst)'를 사용했습니다. 이 프로그램은 ILM 시각효과팀이 로버트 저메키스(Robert Zemeckis)의 〈두 번 죽어야 사는 여자 Death Becomes Her〉(1992)에서 처음 선보였었습니다.

디지털 시각효과 이론가 스티븐 프린스(Steven Prince)

는 〈쥬라기 공원〉이 등장함으로써 본격적으로 디지털 영상 테크놀로지와 예술과 영화산업이 융합되기 시작했다고 말했습니다. 〈쥬라기 공원〉은 그 어떤 영화보다 영화산업의 디지털로의 전환을 가속화했습니다. 물론 이 영화에도 그동안 공룡이나 괴물의 제작에 사용된 **애니메트로닉(animatronic)**과 **수트메이션(man-in-a-monster-suit)**과 같은 전통적인 특수

로토스코핑(rotoscoping)

영상에서 특정 객체의 테두리를 추적하여 정밀하게 배경에서 분리하는 기법이다. 이렇게 오려진 자리에 실사 및 CG 이미지가 합성되거나 반대로 오려진 객체가 다른 영상에 합성될 수 있다. 디지털 합성 작업에서 매치무빙과 함께 필수적인 기법이다. 대체로 블루/그린 스크린을 배경으로 촬영된 영상에서 객체만을 분리할 때 주로 로토스코핑 기법이 사용된다.

애니메트로닉(animatronic)

애니메이션과 일렉트로닉스(electronics)의 합성이다. 상상의 생명체나 동물을 진짜처럼 표현하기 위해 사용되는 전통적인 특수효과 중에 하나로, 전자회로를 이용하여 특정한 움직임을 만들어내는 기계장치를 뼈대로 모형을 제작하고, 각종 특수 재질과 메이크업 기술을 활용하여 모형에 스킨을 덧붙여 완성한다. 〈터미네이터〉에서 피부가 벗겨진 터미네이터의 액션 장면에 애니메트로닉 기법이 사용되었다.

수트메이션(man-in-a-monster-suit)

애니메트로닉의 전자기계장치 대신 배우가 직접 특수 제작된 의상을 입고 상상의 생명체나 동물을 연기하는 기법.

효과 기법도 사용되었습니다. 하지만 디지털 시각효과는 전통적인 기법보다 더 사실적인 공룡의 모습을 만들어냈습니다. 애니메트로닉 기법과 수트메이션으로 완성된 공룡에 비해 CG 공룡은 더욱 유연하면서도 복잡하고 정교한 움직임을 보여주었습니다. 또한 CG 공룡은 실제 배우의 연기와 훨씬 역동적이고 사실적으로 결합되었습니다. 그래서 영화를 보면 CG 공룡은 보다 입체적이고 몰입적으로 관객에게 다가옵니다. 디지털 시각효과 덕분에 스티븐 스필버그는 이전에 짧게 보여줄 수밖에 없었던 장면을 더 길게 보여줄 수 있었습니다. 애니메트로닉 기법이나 수트메이션으로 만든 공룡은 관객이 보기에 가짜인 것이 너무 두드러졌습니다. 디지털 시각효과는 보다 사실적으로 CG 공룡을 만들었고, 또한 합성된 흔적이 거의 보이지 않게 만들었기 때문에 CG 공룡은 보다 오랫동안 관객에게 자신을 과시할 수 있게 되었습니다. 바로 이러한 점이 많은 영화 제작자들이 디지털 시각효과 기술을 다시 바라보게 만든 점이었습니다.

컴퓨터 그래픽 장비의 선구자인 이반 서덜랜드는 이렇게 말한 바 있습니다. "디지털 컴퓨터에 연결된 화면은 물리적인 현실세계에서는 실현 불가능하지만 개념적으로는 가능한 것을 얻을 수 있게 도와줍니다. … 디지털 이미지는 시각효과라는 신비한 거울을 통해 관객을 상상의 나라로 들어서게 돕고, 불가능해 보이는 시각의 세계로 이끌어갑니다. 이 과정에서, 디지털 이미지는 영화감독에게 영화의 미학을 확장하는 새로운 방법이 됩니다." 〈쥬라기 공원〉은 바로 이러한 디지털 시각효과의 잠재력을 증명한 작품이었습니다.

1994년 디지털 시각효과를 대대적으로 사용한 영화들이 줄지어 등장했습니다. 〈베이비 데이 아웃 Baby's Day Out〉(1994)의 경우, 무려 50% 이상의 장면에 디지털 시각효과가 사용되었으며, 영화의 배경이 되는 시카고 도심이 3D CGI로 제작되었습니다. 〈쥬라기 공원〉의 성공으로 동물이 대거 등장하는 영화가 등장했습니다. 대표적인 작품은 〈쥬만지 Jumanji〉(1995)입니다. 〈쥬만지〉에는 사자, 코끼리, 하마, 펠리컨, 원숭이, 박쥐 등 지구상에 존재하는 많은 동물들이 CG로 등장합니다. 이와 같은 동물을 CG로 만드는 데 있어서 가장 큰 문제는 다양한 동물의 털과 가죽을 만드는 작업

플록킹(flocking)
크레이그 레이놀즈(Craig Reynolds)가 CGI 객체의 행동을 자동으로 생성하기 위해 만든 알고리듬으로, 군체 알고리듬이라고 부르기도 한다. 물고기와 새처럼 무리를 지어 움직이는 동물을 표현하는 데 사용되는 기법이다. 일반적으로 각 객체가 주변의 객체와 적당한 거리를 유지하도록 하고, 주변의 객체들과 동일한 방향과 속도를 유지하도록 하며, 객체들을 한 무리의 움직임으로 보이게 하는 알고리듬으로 구성된다. 〈배트맨 리턴즈〉의 박쥐 떼가 날아다니는 장면이 플록킹 기법이 사용된 대표적인 예이다.

그림 2.5 로토스코핑 기법으로 완벽히 재탄생한 CG 깃털

이었습니다. 〈쥬만지〉에 등장하는 동물의 시각효과를 담당한 ILM 시각효과팀은 몸의 움직임에 따라 털의 움직임과 색의 변화를 자연스럽게 만들어내는 프로그램을 직접 제작하였습니다. 또한 ILM은 동물들의 움직임을 전체 무리의 움직임 속에서 개별적으로 조작할 수 있는 '**플록킹 flocking**'이라는 시각효과 기법을 선보였습니다.

〈포레스트 검프 Forrest Gump〉(1994)는 로토스코핑 기술이 매우 정교하게 사용된 작품입니다. 가장 대표적인 장면은 영화의 오프닝입니다(그림 2.5). 하얀 깃털이 하늘에서 바람을 타고 서서히 지상으로 내려옵니다. 깃털은 바람에 날리며 행인과 자동차에 스치다가 마지막에는 벤치에 앉아 버스를 기다리고 있는 주인공 포레스트 검프의 발에 내려앉습니다. 실제 깃털을 스튜디오에서 블루스크린을 배경으로 촬영하여 이를 로토스코핑 프로그램으로 정확히 오려낸 후, 실제 촬영한 장면에 합성했습니다. 지나가는 자동차에 깃털이 스칠 때 보이는 깃털의 그림자는 실제 그림자가 아닌 CGI 효과입니다. 정교한 로토스코핑 작업 덕분에 디지털 시각효과는 합성된 부분이 보이지 않을 정도로 완벽하게 실제 장면과 결합될 수 있었습니다. 이에 더해 CGI 그림자 역시도 CG 깃털에 가상이지만 물리적 효과를 부여함으로써 사실성을 높이는 데 한몫을 했습니다. 로토스코핑 기술로 완벽하게 완성된 깃털은 영화의 마지막 장면에 다시 등장합니다. 〈포레스트 검프〉의 시작과 끝을 장식하는 완벽히 디지털 시각효과로 재탄생한 깃털을 감상해보시기 바랍니다.

사실 로토스코핑 기술은 포레스트 검프가 존 F. 케네디, 린든 존슨, 그리고 리처드 닉슨 등 역대 미국 대통령과 만나는 장면과 반전 운동의 아이콘인 존 레논과 함께 '딕 카벳 쇼'에 등장하는 장면에서 보다 정교하고 서사적인 도구로 사용되었습니다. 이 중에서 가장 돋보이는 예는 포레스트 검프가 케네디 대통령과 악수를 하는 장면입니다. 시각효과를 감독한 ILM 소속의 켄 랄스톤(Ken Ralston)은 이 장면을 제작하기 위해 케네디 대통령 기록필름 중에서 가장 알맞은 악수 장면이 담긴 영상을 디지털 영상으로 전환한 후 로토스코핑 기법으로 케네디 대통령만을 오려냈습니다. 켄 랄스톤은 오려진 케네디 대통령을 블루 스크린 앞에서 촬영한 포레스

그림 2.6 케네디 대통령과 악수하며 대화하는 검프의 모습

트 검프의 악수 장면과 합성했습니다. 켄 랄스톤의 시각효과 팀은 이 장면의 대사에 맞도록 케네디 대통령의 입술과 턱의 움직임을 만들기 위해서 픽셀 단위로 해당 영상을 하나하나 조작했습니다. 그 결과 실제로 허구적 인물인 검프와 케네디 대통령이 만나는 역사적인 순간이 사실적으로 완성될 수 있었습니다. 이와 동일한 방식으로 검프와 존슨 미 대통령 그리고 존 레논과의 허구적 만남이 완벽하게 완성되었습니다.

또한 〈포레스트 검트〉에서 디지털 시각효과는 제작비의 절감과 연기의 효율성에 기여했습니다. 미식축구 장면과 링컨 메모리얼에서의 반전시위 장면 그리고 탁구 경기 장면을 보겠습니다. 수많은 관중과 시민들이 등장하는데요, 이들 대부분은 실제 사람들이 아니라 엑스트라를 촬영한 후 CGI 기법으로 다양하게 변형하여 만든 일종의 CG 엑스트라입니다. 링컨 메모리얼의 반전시위 장면의 경우, 총 1,500명의 엑스트라가 동원되었는데, CGI 기법을 통해 10만 명 규모의 군중으로 복제되었습니다. 탁구 경기장을 가득 메운 관중도 동일한 방식으로 만들어진 가상 군중입니다. 이 장면에서 탁구공은 모두 디지털 시각효과였습니다. 실제 촬영장에서 포레스트 검프를 연기한 톰 행크스는 탁구공 없이 연기를 펼쳤던 것입니다. 그래서 더욱 상상할 수 없을 정도의 현란한 탁구 기술을 보여줄 수 있었습니다. CG 엑스트라와 CG 탁구공 덕분에 로버트 저메키스 감독은 제작비를 절감할 수 있었을 뿐만 아니라 돈으로 환산할 수 없을 연기 효과를 얻었습니다. 이는 다소 주제에서 빗나간 이야기이긴 하지만, 〈포레스트 검프〉는 실제 존재하는 생명체나 물체만이 가질 수 있는 물리적 존재감까지도 CGI가 구현해 낼 수 있음을 증명해 보인 작품이 아닐까 합니다.

3. 〈타이타닉〉의 디지털 시각효과: CG 엑스트라, 입자 애니메이션

　지금까지 설명한 디지털 시각효과의 기법들은 거의 대부분 조지 루카스가 설립한 ILM의 시각효과팀의 성과였습니다. 초기 디지털 시각효과의 발전에 ILM이 미친 영향은 상당했습니다. 1990년 후반 ILM에 버금가는 디지털 시각효과 스튜디오가 등장합니다. 이는 다름 아닌 〈터미네이터 2〉의 감독인 제임스 카메론이 컴퓨터 그래픽 전문가 스탠 윈스톤(Stan Winston)과 스콧 로스(Scott Ross)와 함께 설립한 '디지털 도메인(Digital Domain)'입니다. 디지털 도메인은 1994년에 〈트루 라이즈 True Lies〉와 〈뱀파이어와의 인터뷰 Interview with the Vampire〉, 1995년에는 〈아폴로 13 Apollo 13〉과 〈콩고 Congo〉의 시각효과 작업을 담당했습니다.

　두 작품 모두 디지털 시각효과가 두드러졌지만, 디지털 도메인을 세상에 알린 영화는 바로 1997년 제임스 카메론이 감독한 〈타이타닉 Titanic〉입니다. 사실 〈타이타닉〉은 전통적인 시각효과 기법과 디지털 시각효과 기법이 절묘하게 결합되어 완성된 작품입니다. 예를 들자면, 제임스 카메

그림 2.7 〈타아타닉〉의 출항 장면. 이 장면에서 타이타닉 호는 CG로 제작되었으며, 승객과 부두에 있는 군중 역시 모두 CG로 제작된 엑스트라이다.

론은 일부분이었지만 실제 크기의 타이타닉 호를 제작했으며 물, 안개, 승객 등을 컴퓨터 그래픽으로 제작했습니다. 특히 이 영화에서 디지털 시각효과가 가장 효과적으로 사용된 곳은 바로 타이타닉 호가 바다로 기울어지는 장면입니다. 타이타닉 호가 완전히 세로로 기울어지는 순간, 무려 1,000명의 승객들이 바다로 빠지는 부분이 있습니다. 디지털 도메인은 이 장면에서 바다에 빠지는 승객 모두를 컴퓨터 그래픽으로 만들었는데요, 〈포레스트 검프〉에서와 같이 단지 실제 엑스트라를 CGI 기법으로 복제하기보다 실제 배우의 움직임을 합성하여 일종의 하이브리드 엑스트라를 만들었습니다. 그래서 바다로 떨어지는 수많은 승객의 참혹한 모습이 사실적으로 표현될 수 있었습니다. 디지털 도메인은 우선 실제로 높은 곳에서 떨어지는 스턴트맨을 수차례 촬영했습니다. 이렇게 촬영한 각각의 영상에서 스턴트맨만을 로토스코핑 기법을 이용하여 오려내어, 이를 컴퓨터 그래픽으로 제작한 가상 군중을 움직이는 데이터로 활용하였습니다. 이 방식을 통해 소수의 스턴트맨으로 바다에 빠지는 수많은 승객을 매우 효과적이고 사실적으로 표현할 수 있었습니다. 〈타이타닉〉에는 이와 같이 컴퓨터로 제작된 가상의 엑스트라가 많이 등장합니다. 〈그림 2.7〉에서 보는 바와 같이 영화 첫 장면에서 타이타닉 호에서 가족들을 향해 손을 흔드는 승객들은 대부분 이렇게 복제된 가상 엑스트라입니다. 이 장면의 제작에 실제로 등장했던 엑스트라는 30명 정도였다고 합니다. 나머지는 모두 컴퓨터 그래픽으로 변형된 디지털 복제 엑스트라였습니다. 어떤 장면에서는 이렇게 만들어진 복제 엑스트라가 500명이 넘기도 했습니다.

〈타이타닉〉은 〈쥬라기 공원〉의 박스 오피스 기록을 갱신하며 그해 가장 흥행 수익을 많이 낸 영화로 등극했으며, 1998년 오스카 시상식에서 최우수 시각효과상을 포함하여 총 10개 부문을 휩쓸었습니다. 심지어 〈타이타닉〉의 전 세계 흥행 기록은 지금까지도 2위를 지키고 있습니다. 이러한 대대적인 성공은 무엇보다도 디지털 시각효과에서 비롯되었다고 볼 수 있습니다. 특히 〈타이타닉〉은 시선을 빼앗는 스펙터클한 장면의 제작뿐만 아니라 등장인물이나 자연 환경을 사실적으로 완성하는 데 있어서 디지털 시각효과의 능력을 보여준 기념비적인 작품이었습니다.

〈타이타닉〉의 성공으로 디지털 시각효과를 전략적으로 이용한 영화의 장르가 다양화되기 시작했습니다. 그 동안 디지털 시각효과가 사용된 영화와 상황들을 구분해보면 대체로 SF영화나 전쟁 혹은 허구적인 상황이나 공룡과 같은 지금은 존재하지 않는 동물이 등장하는 경우였습니다. 따라서 1990년대 중반까지 디지털 시각효과, 즉 CGI는 대체로 상상이나 화려한 장면을 제작하는 도구로 활용되었다고 할 수 있습니다. 하지만, 〈타이타닉〉과 〈포레스트 검프〉를 기점으로 디지털 시각효과는 사실주의적 표현에 있어서도 감독과 제작사에게 마법적 도구로 간주되기 시작했습니다. 다시 말해, 디지털 시각효과는 액션 장면이나 상상의 세계를 표현하는 도구에 불과하다는 생각이 사라지고, 영화의 보편적인 제작 도구가 되었습니다. 그 결과, 이후 홍수나 지진 등을 다룬 '재난영화 disaster movies'가 대거 등장합니다. 1990년대 후반 할리우드는 디지털 시각효과를 등에 업고 재난영화를 많이 제작했습니다. CGI로 가득한 재난영화가 세기말 전 세계 극장을 장악했다고 해도 과언이 아닙니다. 디지털 시각효과는 재난영화들 속에서 자연 재해를 시각적으로 스펙터클하게 전달하는 마법 같은 능력을 과시했습니다. 그리고 그 과정 속에서 디지털 시각효과는 더욱 보편적인 영화 제작 도구로 자리를 잡았습니다.

〈타이타닉〉의 성공에 힘입어 제작된 대표적 재난영화가 얀 드 봉(Jan de Bont) 감독의 〈트위스터 Twister〉(1996)입니다. 이 영화의 시각효과를 맡은 ILM은 토네이도와 건물 붕괴와 같은 재해 상황을 사실적으로 재현하기 위해 **입자 애니메이션(particle-animation)** 프로그램을 개발했습니다. 이 프로그램은 불규칙적이거나 반복적이거나 우연적인 자연 현상과 작은 사물의 움직임을 구현하는 데 사용됩니다. 이 기법은 〈붉은 10월 The Hunt for Red October〉(1990)에서 잠수함이 해수면 가까이에서 움직일 때 생기는 해수의 흐름 (난류항적 submarine wakes), 어뢰 꼬리에 생기는 유동, 그리고 무수한 플랑크톤의 움직임을 컴퓨터 그래픽으로 구현하기 위해 처음 사용되었습니다. 이러한 자연적 현상이나 수많은 사물의 움직임을 컴퓨터 그래픽으로 재현할 때, 일일이 조작하면 너무나 손이 많이 가는 작업일 뿐만 아니라, 서로 연동된 움직임을 자연스럽게 연결하는 것은 더욱 어려운 일입니다. 입자 애니메이션 기법은 이러한 작업을 주어진 변수 값에 따라 자동으로 만들어주는 일종의 컴퓨터 알고리듬

입자 애니메인션(particle-animation)
먼지나 눈, 비, 물, 불 연기와 같은 아주 작은 객체의 무작위적 움직임이나 자연 현상을 생성하는 CGI 기법이다.

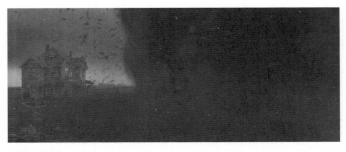

그림 2.8 〈트위스터〉에서 입자 애니메이션 기법으로 표현된 토네이도와 나무 파편들.

입니다. 〈토네이도〉의 디지털 시각효과팀은 135여 종류의 토네이도를 이 프로그램을 이용하여 제작했습니다. 또한 〈그림 2.8〉에서 보는 바와 같이, 토네이도에 의해 파괴된 건물의 파편들이 하늘을 날아다는 장면 역시 입자 애니메이션 기법으로 완성되었습니다.

입자 애니메이션 기법은 같은 해 개봉한 롤란드 애머리히(Roland Emmerich) 감독의 〈인디펜던스 데이 Independence Day〉와 이듬해 개봉한 폴 버호벤(Paul Verhoeven) 감독의 〈스타쉽 트루퍼스 Starship Troopers〉에서도 스펙터클과 서사의 도구로서 중요한 역할을 담당했습니다. 〈인디펜던스 데이〉에서 외계 우주선과 미군의 F-18 전투기의 전쟁 장면을 보겠습니다. 이 영화의 시각효과를 감독한 더글라스 스미스는 입자 애니메이션 프로그램을 이용하여 서로

그림 2.9 〈스타쉽 트루퍼스〉에서 우주거미가 우주방위군을 공격하기 위해 떼를 지어 달려가는 모습은 입자 애니메이션 기법으로 스펙터클하게 완성되었다.

다른 방향과 속도로 비행하면서 무기를 발사하는 F-18 전투기의 움직임을 조정하였습니다. 이는 일종의 컴퓨터 가상 전투라고 할 수 있습니다. 각각의 비행기는 입자 애니메이션 기법으로 정해둔 규칙에 따라 외계 우주선과 전투를 벌였던 것입니다. 우주선의 공격을 받아 F-18 전투기가 폭발하는 장면도 모두 특정 단계에서 몇몇 전투기는 적의 공격을 받아 폭발하도록 프로그래밍한 결과였습니다. 만약 이것을 모두 수작업으로 했다면 엄두도 낼 수 없을 만큼 복잡하고 힘든 작업이었을 것입니다. 〈인디펜던스 데이〉는 입자 애니메이션을 활용한 전투 CGI 작업으로 1996년 오스카 시상식에서 최우수 시각효과상을 받았습니다.

입자 애니메이션 프로그램은 〈스타쉽 트루퍼스〉에서도

진가를 발휘했습니다. 이 영화에는 뛰어난 지능을 가진 거대한 외계 곤충이 등장합니다. 이들은 엄청난 수로 무리지어 우주방위군을 공격합니다(그림 2.9). 특히 P 혹성에 거주하는 우주거미와 우주방위군 사이의 전투 장면에서 입자 애니메이션이 매우 효과적으로 사용되었습니다. 우주거미는 동일한 외형을 지녔지만, 서로 다른 속도와 방향으로 몰려듭니다. 그 과정에서 우주방위군의 총에 맞아 죽기도 하고 쓰러지기도 합니다. 일련의 모든 우주거미의 집단적이고 개별적인 상황이 입자 애니메이션 프로그램으로 설정한 알고리듬에 의해 자동적으로 조정되었습니다.

이전 작품에 사용된 디지털 시각효과와 달리 입자 애니메이션 기법은 오직 디지털 시각효과만의 기능입니다. 이전에 다루었던 몰핑 기법이나 디지털 매트 페인팅 그리고 3D 모형은 물론 완성도의 차이는 있지만 아날로그 시각효과로도 충분히 구현이 가능한 시각효과였습니다. 하지만 입자 애니메이션 기법이 만들어내는 자연 현상이나 집단적 움직임의 통제 효과는 실제로 발생하지 않는 한, 아날로그 기법으로는 구현해 낼 수 없는 효과입니다. 이러한 점에서 입자 애니메이션 기법은 디지털 시각효과의 마법적 힘을 있는 그대로 증명해 보였다고 할 수 있습니다. 2000년에 개봉한 또 다른 대표적인 재난 영화 〈퍼펙트 스톰 The Perfect Storm〉 역시 아날로그로는 재현 불가능한 자연재해 시각효과를 CGI의

힘으로 완성한 작품입니다.

1990년대 후반에는 아날로그로는 구현 불가능한 액션과 스펙터클한 광경을 디지털 시각효과로 창조하는 것을 흥행 전략으로 앞세운 블록버스터 영화들이 대거 등장했는데, 이 것은 재난영화의 등장과 함께 디지털 시각효과로 인한 할리 우드 영화 제작 경향의 또 다른 변화를 보여줍니다. 이 영화 들은 당시 할리우드의 디지털 시각효과 스튜디오가 개발한 모든 효과들, 즉 디지털 매트 페인트, 2D/3D CGI 모델, 로 토스코핑, 매치무빙, 입자 애니메이션 기법을 더욱 세련되게 그리고 보이지 않게(invisible), 다시 말해 튀지 않고 자연스 럽게 사용했습니다.

1996년 브라이언 드 팔마(Brian De Palma) 감독의 영화 〈미션 임파서블 Mission Impossible〉의 마지막 장면을 예 로 들어봅니다. 7분가량 이어진 장 르노와 탐 크루즈의 마지 막 결전이 펼쳐지는 터널 장면의 대부분은 컴퓨터 그래픽으 로 만들어진 가상의 이미지입니다. 탐 크루즈가 힘겹게 매달 려 있던 테제베(TGV) 기차와 장 르노가 조종하는 헬리콥터 그리고 이 둘의 결전이 펼쳐지는 터널은 모두 실재했던 것이 아닙니다. 컴퓨터 그래픽으로 만들어진 가상의 터널과 기차 와 헬리콥터가 사실적으로 묘사되었던 것은 그 동안의 3D 컴퓨터 그래픽 기술의 진보와 디지털 합성 기술 덕분입니다. 특히, 컴퓨터 그래픽 이미지를 실제 촬영된 이미지에 입체적으로 합성하는 데 필수적인 기법인 매치무빙이 이 터널 장면에 매우 효과적으로 사용되었다고 합니다.

또 다른 예는 CG 동물이 등장하는 영화의 제작입니다. 1995년 개봉한 〈꼬마 돼지 베이브 Babe〉에는 주인공 돼지 베이브를 포함해 총 500여 마리의 CG 동물이 등장합니다. 이 작품은 실제 사람처럼 말을 하는 동물들의 입모양을 사실적으로 구현하는 데 컴퓨터 그래픽의 위력이 발휘되었습니다. 1998년에 개봉한 속편 〈꼬마 돼지 베이브 2 Pig in the City〉에는 CG 동물을 움직이기 위해 모션캡처 기술이 시험적으로 사용되기도 했습니다. 컴퓨터 그래픽으로 만든 동물이나 상상의 캐릭터는 디지털 시각효과를 통해 실제 촬영된 장면과 매우 자연스럽게 연결될 수 있었기 때문에 이렇게 동물이 주인공인 영화들이 대거 제작되었습니다. 다른 예는 1997년에 개봉한 〈마우스 헌트 Mouse Hunt〉와 1998년 작품 〈닥터 두리틀 Dr. Dolittle〉입니다.

조엘 슈마허(Joel Schumacher) 감독의 배트맨 시리즈 3탄 〈배트맨 포에버 Batman Forever〉(1995)에서는 100% CGI로 제작한 배트맨이 기존에 스턴트맨이 담당했던 위험한 액션 연기를 대신했는데요, 그 결과 무려 250 장면에 디지털 시각효과가 사용되었습니다. 1998년 개봉한 롤랜드 애머리히 감독의 〈고질라 Godzilla〉의 경우 총 235 장면에 고질라가 등장합니다. 모두 컴퓨터 그래픽으로 만들어졌고,

총 400여 장면에 디지털 시각효과가 사용되었다고 합니다. ILM이 디지털 시각효과를 담당한 스티븐 스필버그의 1998년 영화 〈라이언 일병 구하기 Saving Private Ryan〉에는 디지털 시각효과만으로 완성된 장면이 무려 40개 정도였다고 합니다. 오마하 해변 장면에 등장하는 대부분의 군인, 지프와 전함 그리고 폭탄과 총알 등은 모두 컴퓨터 그래픽으로 만들어진 진짜 같은 가상이었습니다. 미국의 영화 전문잡지 『아메리칸 시네마토그래퍼 American Cinematographer』(1998년 10월호)에 실린 기사를 보면, 스티븐 스필버그는 디지털 시각효과 덕분에 대략 7천 5백만 달러의 예산을 절감할 수 있었다고 합니다.

4. 프리비스 & 디지털 인터미디에이트

디지털 시각효과로 완성되는 장면의 비중이 높아지면서, 또한 한 장면에 2D나 3D 형태의 여러 종류의 CG 효과가 결합되면서 촬영 현장에서 미리 고려해야 할 사항들이 많아졌습니다. 즉 프리프로덕션 단계에서 정확히 어느 부분에 디지털 시각효과가 어떻게 사용되는지를 명확히 정해야지만 감독은 실제 촬영 현장에서 배우들에게 정확하게 연기를 주문하고 촬영을 효율적으로 진행할 수 있게 된 것입니다. 이를 위해 영화 제작사는 프리프로덕션 단계에서 디지털 시각효과가 어떻게 실제 장면에 적용되는지를 3D 애니메이션으로 제작하기 시작했는데요, 바로 이 작업을 **3D 프리비주얼리제이션(3D previsualization, 사전시각화)**, 혹은 줄여서 **프리비스(previs)**라고 부릅니다. 1990년대 후반 사전시각화 작업을 전문적으로 담당하는 POV(Persistence of Vision)과 PLF(Pixel Liberation Front) 등의 회사가 등장했습니다.

앞서 언급한 〈미션 임파서블〉의 마지막 결전 장면에 이 작업 방식이 사용되었습니다. 장 르노가 조종하는 헬리콥터 날개의 뾰족한 끝이 탐 크루즈의 목 바로 앞에서 멈추는 장면에서 탐 크루즈의 연기 역시도 프리비스의 덕분에 더욱 사실적으로 완성될 수 있었습니다. 즉, 탐 크루즈는 프리비스

프리비주얼리제이션(previsualization)
프리프로덕션 단계에서 진행되는 작업으로서, CGI 효과로 완성되는 장면을 미리 저화질의 3D 애니메이션으로 제작하는 작업이다. 감독은 CGI 효과가 어떻게 사용되는지를 배우 및 스탭들에게 효율적으로 전달하기 위해 프리비주얼리제이션을 사용하기도 하며, 고비용의 CGI 작업을 효율적으로 연출하기 위해 사용하기도 한다. 일종의 3D 애니메이션으로 제작한 CGI 작업용 콘티라고 할 수 있다.

를 보면서 헬리콥터의 날개가 어디서 멈추는지를 보다 사실적으로 상상할 수 있었다고 합니다. 〈꼬마 돼지 베이브〉에서도 디지털 시각효과의 효율적 사용을 위해 총 132개의 디지털 시각효과 장면 중에서 100개의 장면이 프리비스 작업을 거쳤습니다. 이 프리비스 작업은 디지털 시각효과가 많이 들어가는 영화일수록 그 중요성이 커집니다. 배우는 점점 더 그린스크린(green screen) 앞에서 연기를 하는 경우가 많아지는데, 이때 그린스크린에 덧붙이게 될 대략적인 CGI 정보를 제공하는 프리비스는 오직 상상력과 직감에만 의존해야 하는 감독과 배우에게 중요한 안내자 역할을 합니다.

프리비스는 이후 디지털 시각효과를 효과적으로 연출하기 위한 도구로서뿐만 아니라, 촬영장에서 감독이 카메라의 이동, 배우의 동선과 조명의 위치까지 촬영감독, 배우, 시각효과 감독 및 다양한 분야의 기술팀에게 연출방식을 전달하기 위한 일종의 콘티처럼 사용되기도 합니다. 이는 무엇보다도 촬영 현장에서 최대의 효율성을 이끌어 내기 위한 목적이었습니다. 프리비스가 영화 전체에 사용된 사례는 2002년에 개봉한 데이비드 핀처(David Fincher) 감독의 〈패닉 룸 Panic Room〉입니다(그림 2.10).

효율성과 경제성 그리고 환상적이고 사실적인 스펙터클을 선사하는 디지털 시각효과는 이렇듯 감독과 제작자에게 더 이상 1980년대 초반처럼 사치스러운 투자가 아니었습니

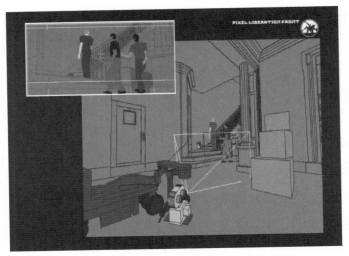

그림 2.10 〈패닉 룸〉에 사용된 프리비스의 한 장면

다. 1990년대 말, 디지털 시각효과를 더욱 마법적인 도구로 만든 새로운 기법이 등장합니다. 일반적으로 DI라고 부르는 **디지털 인터미디에이트(Digital Intermediate)**가 그것입니다.

1990년대 디지털 시각효과가 혁명적으로 발전했지만 영화는 여전히 필름 방식으로 상영되었습니다. 디지털 시각효과로 완성된 각각의 장면은 다른 장면들과 합쳐지기 위해 **색보정**을 거쳐 필름으로 다시 옮겨야 했습니다. 색 보정 작업은 극장 상영용 필름을 제작하기 위한 최종 단계이기도 하지만 이 작업을 통해 특정 장면만을 보다 차갑거나 따뜻하게

변형 시킬 수 있기 때문에, 이는 감독에게 있어 특별한 시각
효과와 예술적 의미를 창조할 수 있는 최종의 시각효과 기술
이기도 합니다. 하지만 현상소에서 이루어지는 광화학적 색
보정 작업은 정확도가 떨어지고, 장면의 특정 부분의 색상만
을 개별적으로 조절할 수 없는 한계가 있었습니다. 광화학적
방식의 인터미디에이트가 디지털 방식으로 전환된 이후로
디지털 색 보정 기법은 혁신적인 시각효과로 각광받습니다.
필름 전체를 스캔하여 디지털 데이터로 변형하고 컴퓨터 소

디지털 인터미디에이트(digital intermediate, DI)
필름으로 촬영된 이미지를 디지털 이미지로 변환시킨 후 색의 보
정 및 수정 작업을 거쳐 극장 상영을 위한 최종 영상을 제작하는
작업을 통칭하는 용어이다. 필름 시대에는 이 작업을 '인터미디에
이트'라고 불렀으며, 색 보정과 같은 작업은 광화학적 기법으로
완성되었다. DI 공정은 크게 세 단계로 나눌 수 있다.
1. 촬영된 필름을 디지털 파일로 전환(디지털 촬영의 경우 제외).
2. 원하는 영상을 얻기 위해 다양한 색 보정 및 수정 작업.
3. 완성된 디지털 영상(디지털마스터)을 35mm 극장 상영용 필
   름으로 출력.

색 보정(color correction)
극장 상영용 필름을 생산하기 전에 삼원색(red, green, blue)
의 비율을 조절하여 색상의 균형과 농도를 조절하는 컬러 타이머
(color timer)로 필름 전체의 톤을 일정하게 통일시키는 작업.
이렇게 색 보정 작업이 끝난 최종 원본 필름을 인터미디에이트
필름이라 부른다.

프트웨어로 색상을 조절함으로써 색 보정의 정확도 면에서 뿐만 아니라 특정한 부분의 색상을 조절할 수 있게 되었기 때문입니다.

이러한 디지털 방식의 색 보정 작업을 가장 처음 도입한 할리우드 스튜디오는 디즈니사입니다. 1990년 디즈니는 〈코디와 생쥐 구조대 The Rescues Down Under〉의 제작에 디지털 방식의 색 보정 기법을 처음 사용했습니다. 1993년에는 코닥(Kodak)이 시네온(Cineon)이라는 2K~4K의 화질로 디지털 스캔을 할 수 있는 장비를 제작했는데, 디즈니는 이 장비를 이용하여 1937년도에 제작한 〈백설공주와 일곱 난장이 Snow White and the Seven Dwarfs〉를 복원하여 재개봉했습니다.

1990년대 말에 이르러 디지털 방식의 색 보정 기술은 〈천국보다 아름다운 What Dreams May Come〉(1998)과 〈플레전트빌 Pleasantville〉(1999)을 시작으로 본격적으로 영화 제작에 사용되었습니다.

〈천국보다 아름다운〉은 죽음으로 갈라진 남녀가 사랑의 끈으로 다시 만나는 과정을 그린 로맨스 영화입니다. 빈센트 워드(Vincent Ward) 감독은 디지털 시각효과를 이용해 교통사고로 죽은 남자 주인공 크리스(로빈 윌리엄스)가 들어간 천국과 이에 절망해 자살한 아내 애니(애너벨라 쇼라)가 들어간 지옥의 풍경을 회화적으로 표현했습니다. 천국은 모네

그림 2.11 디지털 색 보정 기법으로 표현된 〈천국보다 아름다운〉의 인상주의 풍의 천국

(Monet), 반 고흐(Van Gogh), 독일 낭만주의 화가 다비트 프리드리히(Casper David Friedrich)의 작품을 본떠서 완성되었으며, 지옥은 단테의 『신곡』과 에드거 앨런 포 등 유명 문인의 작품에 삽화를 그린 프랑스 화가 귀스타브 도레(Gustave Doré)의 무채색 판화 작품의 분위기로 꾸며졌습니다. 이 작업은 실제 촬영한 장면을 디지털 데이터로 변환한 후, 디지털 색 보정 프로그램을 이용하여 배경과 특정 부분에만 붓의 질감을 주거나 특정한 색을 강조하는 방식으로 완성되었습니다. 〈그림 2.11〉에서와 같이, 천국의 인상주의 풍의 붓 터치와 원색의 강조는 바로 디지털 방식의 색 보정 프로그램을 통해 완성되었습니다.

〈플레전트빌〉은 디지털 색 보정 기법이 매우 예술적으로 사용된 작품입니다. 〈플레전트빌〉은 50년대 TV 드라마에 빠진 90년대 청소년에 관한 영화입니다. 주인공 데이비드와 제니퍼는 어느 날 수상한 수리공이 건네 준 텔레비전 리모컨 때문에 이들이 좋아하는 50년대 시트콤 '플레전트빌'의 세계 속으로 들어가게 됩니다. 데이비드와 제니퍼는 흑백의 시트콤 '플레전트빌'의 세상이 겉과 달리 인간의 감정과 본능이 허락되지 않는 곳임을 알게 되고, 이에 저항합니다. 이들의 도움으로 '플레전트빌'의 사람들은 하나둘 자신의 억제된 감정의 색채를 되찾아 갑니다. 게리 로스(Gary Ross) 감독은 플레전트빌의 거주자들이 인간적인 모습을 되찾아가는 과정을 흑백에서 컬러로 생기 있게 변해가는 것을 통해 표현했습니다. 〈그림 2.12〉에서 보는 바와 같이 '플레전트빌'에서 가장 억제된 삶을 보내고 있던 가정주부 베티 파커는 일탈을 시도한 후에 얼굴이 컬러로 변합니다. 베티 파커는 급기야 일탈의 흔적을 숨기기 위해 흑백 화장을 합니다. 〈플레전트빌〉에서 흑백에서 컬러로의 색의 변화는 이 시트콤 세상에서 일어나는 사회·문화적 가치관의 변화를 의미합니다. 감독 게리 로스와 촬영감독 존 린들리(John Lindley)는 흑백 장면을 흑백 필름으로 촬영할 계획이었습니다. 하지만 당시 컬러 필름이 흑백 필름보다 해상도가 좋았기 때문에 컬러로 촬영하고 DI 단계에서 디지털 색 보정 작업을 통해 흑백

그림 2.12 〈플레전트빌〉의 한 장면. 자신의 정체성을 찾게 되면서 얼굴이 컬러로 변한 베티가 이를 들키지 않기 위해 흑백으로 화장을 한다. 이 장면에 디지털 색 보정 기술이 매우 효과적으로 사용되었다.

으로 바꾸기로 결정했습니다. 무엇보다도 〈플레전트빌〉에서 사랑의 감정을 되찾아 컬러로 변화하는 인물의 표현은 모두 특정 부분의 색만을 조절할 수 있는 디지털 방식의 색 보정 기술 덕분에 완성될 수 있었습니다. 〈플레전트빌〉에서 독특하고 예술적으로 사용된 부분 색 보정 기법은 이후 일반적으로 '플레전트빌 효과'로 불리게 됩니다.

〈플레전트빌〉의 시각효과팀은 영화 전체에 걸친 방대한 양의 색 보정 작업을 위해 최신의 **텔레시네(telecine)** 장비를 사용했습니다. 텔레시네는 필름을 2K에서 4K의 해상도를 지닌 디지털 데이터로 변환하는 디지털 스캐너인데요, 〈플레전트빌〉에는 로스앤젤레스에 위치한 시네사이트 디지털 이미징(Cinesite Digital Imaging) 회사에서 개발한 '필립스 스피릿 데이터시네(the Philips Spirit DataCine)'라는 이름의 텔레시네 장비가 사용되었습니다. 필립스 스피릿 데이터시네는 초당 4 프레임의 필름을 스캔할 수 있었습니다. 이는 기존에 1 프레임을 스캔하는 데 20~30초가 걸렸던 것에 비하면 매우 혁신적인 변환 속도를 자랑하는 장비였으며, 제작 기간 및 비용을 절감하는 데 많은 도움을 주었습니다.

이 텔레시네 장비는 코엔 형제의 2000년 영화 〈오 형제여 어디에 있는가? O Brother, Where Art Thou?〉의 디지털 색 보정 작업에도 사용되었습니다. 코엔 형제는 미시시피 장면에서 나뭇잎과 초원을 건조하고 색이 바랜 느낌으로 보여주고 싶었습니다. 하지만 미시시피 장면을 여름에 촬영할 수밖에 없었는데요, 여름에 미시시피는 매우 습도가 높아 초원이나 나뭇잎은 늘 축축했습니다. 코엔 형제와 촬영감독 로저

텔레시네(telecine)
본래는 영화를 TV로 방영하거나 비디오 플레이어(VCR)와 CD 등의 2차 배급망을 통해 판매하기 위해 필름을 전자비디오 영상으로 전환하는 장비로 개발되었다. 이후 비디오 선형 편집이나 디지털 비선형 편집을 목적으로 필름을 비디오 영상으로 변환하는 데 주로 사용되었다.

디킨스(Roger Deakins)는 색 보정으로 이를 수정하기로 하고 촬영을 진행했습니다. 촬영감독은 기존의 아날로그 방식의 색 보정 기법을 시도했지만 만족스러운 결과를 얻지 못했습니다. 그는 차선책으로 〈플레전트빌〉에 사용된 텔레시네 장비로 미시시피 장면을 디지털 데이터로 변환한 후 디지털 색 보정을 시도했고 이 작업만 열흘이 걸렸다고 합니다. 색 보정 결과는 매우 만족스러웠습니다. 코엔 형제가 의도했던 대로 여름 햇볕 아래서 마르고 탈색된 느낌의 미시시피 장면이 이렇게 완성되었습니다.

디지털 인터미디에이트는 영상에 예술적인 의미를 추가하고 실제 촬영으로 보여주기 어려운 분위기를 인위적으로 만들 수 있기 때문에 단지 영화의 톤을 통일하는 기술이 아닌, 영화의 스타일을 재창조할 수 있는 디지털 시각효과 기법으로 각광받았습니다. 하지만 너무 많은 것들이 디지털 인터미디에이트 과정을 통해 변형될 수 있다는 이유로, 많은 촬영감독은 오히려 촬영의 창의성이 사라질 수 있다는 우려를 표하기도 했습니다. 그럼에도 제작자에게 있어서 디지털 인터미디에이트는 매우 중요한 디지털 시각효과 기술로 다가 올 수밖에 없었습니다. 왜냐하면 DI를 통해 촬영 및 후반 작업의 공정을 효과적으로 운영하여 제작비를 줄일 수 있을 뿐만 아니라, 극장 상영 후 비디오나 DVD 등의 부가 영상 매체로 영화를 출시할 때 매우 효율적이기 때문입니다. 아날로그 방식으로 색 보정 작업을 하게 되면 이후 비디오나 DVD로 영화를 출시할 때 디지털 인터미디에이트 공정을 또 한 번 거쳐야만 했습니다. 하지만 처음부터 DI 작업을 통해 디지털 방식의 색 보정을 한 후 디지털 데이터로 영화를 보관하게 되면, 추후 별도로 이 작업을 반복할 필요 없이 비디오, DVD, 온라인 등 다양한 영상 매체를 통해 영화를 판매할 수 있습니다.

5. 영화의 미래와 세기말 VFX의 스타일: 가상 카메라

1999년은 20세기의 마지막 해답게 21세기 디지털 시각효과의 세계로 가는 해였습니다. 디지털 시각효과로 탄생한 21세기 영화의 새로운 스타일을 보여주는 영화들이 등장했으며, 영화산업 전체의 디지털 체제로의 전환을 추동하는 기술적 혁신이 곳곳에서 이루어졌습니다.

그 시작을 알린 작품은 조지 루카스의 〈스타워즈 에피소드 I: 보이지 않는 위험 Star Wars Episode I: The Phantom Menace〉입니다. 1999년 6월 로스앤젤레스의 AMC 버뱅크 극장(AMC Burbank 14 Theater)에는 '영화의 미래에 오신 것을 환영합니다'라고 적힌 포스터가 걸렸습니다. 이 문구는 필름 시대의 종말과 새로운 영화의 시대, 즉 본격적인 디지털 영화 시대의 시작을 알린 신호탄이었습니다. 극장 영사실에는 필름 대신 하드디스크에 저장된 〈스타워즈 에피소드 1: 보이지 않는 위험〉이 기계음을 내는 필름 영사기 대신 텍사스 인스트루먼츠사(Texas Instruments)가 개발한 디지털 영사 장치인 DLP 시네마에 내장된 크기 6.45cm^2 DMD을 구성하는 1,310,720개의 극소 거울을 통해 스크린에 투사되고 있었습니다. 물론 전 세계 극장 중 단 4곳에서만 디지털 상영이 이루어졌지만요, 21세기에 진행된 필름에서 디지털 영사기로의 급속한 전환을 고려하면, 디지털로 투사된 필름만큼 선명하고 필름보다 떨림이 없는 제다이 용사는 영화의 디지털 전환을 이끈 일종의 전위부대였습니다.

뒤이어 1999년 〈타잔 Tazan〉, 〈토이 스토리 2 Toy Story 2〉, 〈바이센테니얼 맨 Bicentennial Man〉, 2000년에는 〈미션 투 마스 Mission to Mars〉, 〈환타지아 2000 Fantasia 2000〉, 〈타이탄 A. E. Titan A. E.〉, 〈퍼펙트 스톰 Perfect Storm〉, 〈스페이스 카우보이 Space Cowboys〉, 〈크림슨 리버 Crimson River〉, 〈바운스 Bounce〉, 2001년 〈버티컬 리미트 Vertical Limit〉 등이 필름 방식과 더불어 디지털 방식으로 배급/상영됩니다. 특히 〈바운스〉는 뉴욕 타임스퀘

어 인근에 있는 AMC Empire 25극장에서 최초로 보잉우주통신그룹(Boeing's Space and Communication Group)이 설계한 영화 데이터 위성전송 시스템을 통해 암호화와 해독 과정을 거쳐 디지털 영사기에 연결된 컴퓨터의 하드디스크로 전송되어 상영되었습니다. 이 최초의 위성전송 디지털 영화 상영회의 기자회견장에서 관련 회사의 대표들은 상징적인 의미로 35mm 필름 운반용 박스를 구식(Obsolete)이라고 적힌 쓰레기통에 넣는 퍼포먼스를 보여주었습니다.

130분 분량의 〈스타워즈 1〉의 95%를 디지털 이미지로 채우며 영화의 디지털 혁명을 이끈 조지 루카스는 〈스타워즈 에피소드 2〉(2002)의 모든 장면을 디지털 카메라로 촬영했으며, DLP 시네마 등의 더 많은 디지털 영사기를 통해 디지털 제다이의 전설을 스크린에 투사했습니다. 〈스타워즈 에피소드 2〉와 같이 35mm 필름에 버금가는 화질의 HD 디지털 카메라로 촬영되어 디지털 영사기로 상영하는 이른바 순수 디지털 영화가 더 많이 등장했습니다. 2002년 〈러시아 방주 Russian Ark〉(알렉산더 소쿠로프), 2003년 〈원스 어 폰 어 타임 인 멕시코 Once Upon a Time in Mexico〉(로버트 로드리게즈), 그리고 2004년 〈콜래트럴 Collateral〉(마이클 만) 등이 순수 디지털 영화로 주목을 받았습니다.

디지털 영사 방식은 극장 상영용 필름 제작비와 프린트 배송 실수 및 파손에 따른 추가 비용을 절감할 수 있었기 때문에 영화 배급사는 적극적으로 디지털 배급 방식으로의 전환을 서둘렀습니다. 디지털 영사 방식으로의 전환은 영화관을 영화 상영이라는 1차원적 목적이 아닌 TV 혹은 컴퓨터 모니터처럼 인터넷과 위성송수신 장치를 연결하여 더욱 다양한 영상 콘텐츠를 상영할 수 있는 좀 더 스펙터클하고 복합적인 공간으로 활용할 수 있음을 의미했습니다. 상영 업체 입장에서도, 물론 디지털 영사기 교체 비용이 부담스러웠지만, 디지털 영사기의 도입은 선택이라기보다는 시대적 요구로 다가왔습니다.

2000년 디지털 영사기를 갖춘 극장은 전 세계 31개에 불과했지만, 2013년 디지털 상영 시설을 완비한 극장은 전 세계 극장의 61%를 차지합니다. 미국과 캐나다의 경우 전체 극장의 86%, 노르웨이와 네덜란드는 거의 100%에 가까운 전환을 이루었습니다. 2014년에는 미국 극장의 92%가 디지털 방식으로 영화를 상영했습니다.

1888년 영화의 물질적 기반이 되었던 필름을 최초로 개발한 조지 이스트만 코닥은 2013년 파산함으로써 1세기가 넘는 기간 동안 누렸던 영화용 필름 생산자로서의 화려한 이력에 마침표를 찍었습니다. 1999년 80달러 선에서 거래되었던 코닥의 주식은 2013년 30센트에 불과했습니다. 현재 코닥은 여전히 필름을 생산하지만 영화용 디지털 카메라와 영사기 제작에 집중하고 있습니다. 코닥의 뒤를 잇는 세계 2

위의 필름 제조사인 후지(Fuji)는 2013년 영화용 필름의 생산을 중단하기로 발표했고, 극장용 35mm 영화 프린트 생산 및 운송 업체인 테크니컬러(Technicolor)와 디럭스(Deluxe)는 시각효과(VFX)와 극장의 디지털화에 투자함으로써 일찍이 자신의 DNA를 디지털로 전환했습니다. 2013년 파라마운트 영화사는 〈앵커맨 2: 레전드 컨티뉴 Anchorman 2: The Legend Continues〉(아담 맥케이)를 마지막으로 더 이상 필름으로 영화를 배급하지 않겠다고 선언했으며, 같은 해 개봉한 파라마운트의 〈더 울프 오브 월스트리트〉(마틴 스콜세지)는 디지털로만 배급한 최초의 영화가 됩니다.

다시 1999년으로 돌아와 〈스타워즈 에피소드 I〉이 디지털 시각효과의 역사에 남긴 기록을 보겠습니다. 자자 빙크스를 포함하여 총 60여 종의 컴퓨터 그래픽 캐릭터가 등장합니다. 영화의 70%가량에 컴퓨터 그래픽 효과가 사용되었습니다. 컴퓨터 그래픽이 사용된 장면은 100% 프리비스 작업이 선행되었습니다. 〈스타워즈 에피소드 I〉의 총 제작비는 1억 1,500만 달러 정도였으며, 미국 내에서만 총 4억 3,200만 달러의 수익을 거두었습니다. 이는 디지털 시각효과가 낳은 경제적 효과였습니다. 1999년 화려한 디지털 시각효과를 선보인 〈미이라 The Mummy〉의 제작비는 7,500만 달러였고, 1억 5,500만 달러의 수익을 냈습니다. 1999년 디지털 시각효과로 가득한 이 두 영화의 놀라운 흥행 성적은 21세기 영화산업은 디지털 시각효과가 이끌어갈 것이라는 확신을 제작자, 감독, 관객 모두에게 심어주기에 충분했습니다.

1999년 디지털 시각효과로 무장한 또 다른 두 편의 영화가 개봉했는데요, 특히 스타일의 측면에서 21세기 영화의 변화를 미리 보여주었습니다. 바로 워쇼스키 형제(Andy and Larry Wachowski)의 영화 〈매트릭스 The Matrix〉와 데이비드 핀처의 〈파이트 클럽 Fight Club〉이 그것입니다. 〈매트릭스〉의 가장 유명한 장면인 네오(키아누 리브스)가 뒤로 몸을 젖히면서 총알을 피하는 장면은 디지털 카메라와 디지털 편집 기술 그리고 디지털 매트 페인팅 등 디지털 영상 장비와 디지털 시각효과로 창조된 21세기의 새로운 슬로우 모션이었습니다. '불릿타임 Bullet Time'이라고 불리는 이 새로운 표현 방식은 이후 많은 영화들에서 시간이 멈춘 듯 정지되어 있는 모습을 입체적으로 보여줄 때 사용되는 보편적인 연출기법으로 자리 잡았습니다. 이 불릿타임 기법은 많은 영화감독에게 디지털 시각효과의 잠재력이 상상적인 캐릭터나 스펙터클한 장면을 만드는 데 사용될 뿐만 아니라 새로운 영화적 스타일을 만드는 데도 사용될 수 있음을 보여주었습니다.

〈파이트 클럽〉 역시 스타일의 측면에서 혁신을 보여준 작품입니다. 〈파이트 클럽〉의 첫 장면은 주인공 잭(에드워드

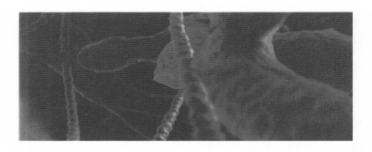

그림 2.13 〈파이트 클럽〉의 오프닝 장면

노튼)의 뇌에서 현실세계로 빠져나오는 롱테이크입니다. 이
롱테이크는 공포에 사로잡힌 잭의 뇌 속에서 시작합니다. 카

메라는 뇌의 시냅스(the synapse, 신경집합부)에서 분출된 신경전달물질이 신경섬유 마디를 통해 신경세포의 수상돌기에 전달되고 다시 다른 신경섬유 마디와 수상돌기로 전달되면서 전체 신경세포가 '공포'라는 외부 자극으로 인해 신경질적으로 활성화되는 현상을 역방향으로 빠르게 이동하면서 보여줍니다. 잭의 두개골을 관통해 뇌에서 나온 카메라는 지방조직과 피부조직을 뚫고 이마 쪽 모공을 통해 현실세계로 빠져 나옵니다. 그리고 여전히 카메라는 관객을 향해 역방향으로 후진하면서 잭의 코와 인중을 따라 내려와 입 안 깊숙이 박힌 총의 가늠쇠를 따라 이동해 가늠자에서 멈춥니다. 가늠자에 맞춰진 초점이 서서히 뒤쪽으로 이동해 공포에 질린 잭의 두 눈을 보여주며 첫 쇼트는 "타일러 더든을 아냐고 다들 내게 묻는다"는 화자의 첫 번째 보이스 오버와 함께 끝이 납니다(그림 2.13).

지속적으로 움직이는 카메라를 통해 보여지는 신경집합부에서 잭의 두 눈까지의 첫 번째 장면은 사실 두 개의 쇼트가 하나로 합성된 롱테이크입니다. 신경세포에서 가늠자까지가 한 쇼트인데요, 이는 완전히 CGI로 완성되었습니다. 잭의 공포에 질린 두 눈이 나머진 쇼트이며, 이는 실제 촬영된 이미지입니다. 잭의 생각에 기반해 영화 속 사건들이 전개되고 있다는 것을 관객이 받아들일 수 있도록 영화의 스타일을 구성해야 한다는 데이비드 핀처의 연출 의도에 따라,

이 첫 번째 장면은 공포에 반응하는 잭의 뇌 신경세포가 식은 땀과 커다랗게 뜬 두 눈까지의 미시적 공간을 카메라가 실제로 움직이는 것처럼 표현되어야 했습니다. 시각효과를 담당한 디지털 도메인(Digital Domain)은 신경물질을 전달하는 뇌 신경세포 이미지를 사실적으로 담아내기 위해 신경학자의 자문을 바탕으로 시각효과 작업을 진행했을 뿐만 아니라, 뇌 속에서 잭의 두 눈까지 신경의 흐름과 표출을 최대한 사실적으로 묘사하기 위해 신경세포, 두개골, 피부 조직, 그리고 현실세계라는 신체 밖 공간까지의 물리적으로 서로 구분된 공간을 CGI 기법을 통해 하나의 연속된 공간으로 표현했습니다. 이렇게 디지털 기법으로 완성된 롱테이크는 이후 장면에서도 등장합니다.

첫 번째 롱테이크 이후, 카메라는 잭의 입 속으로 총을 겨누고 있는 자가 테일러 더든임을 보여줍니다. 그리고 더든과 잭을 보여주는 두 개의 짧은 커트가 이어진 후, "여긴 대참사를 감상할 로얄석. '초토화 작전'의 폭파부대는 12개의 건물을 폭약으로 도배했다. 2분 후면 연쇄 폭발로 몇 동네가 쑥대밭이 될 것이다."라는 잭의 보이스 오버가 시작되면서 다시 잭의 생각이 이끄는 대로 영화는 진행됩니다. 카메라는 건물 밖에서 유리창을 통해 잭과 더든을 바라보다가 잭의 첫 마디("여긴 대참사를 감상할 로얄석")와 동시에 빠른 속도로 30층 아래로 하강하여 도로를 뚫고 들어가 건물 지하의 구조를 통과해 주차장으로 들어갑니다. 주차장에 잠시 멈춘 카메라는 다시 정면에 보이는 트럭 앞 유리의 총알구멍을 통과해 뒤쪽에 실린 폭약을 클로즈업으로 보여주고 다시 트럭의 외벽을 관통해 다시 지상으로 올라가 6차선 도로를 빠르게 지나 다른 건물의 주차장으로 들어가 다섯 개 드럼통에 가득한 폭약을 보여줍니다. 첫 번째 장면과 같이 건물 유리벽에서 폭약으로 가득한 드럼통까지 단일의 쇼트 내에서 카메라는 도로, 콘크리트, 유리창, 철판으로 구분된 공간들을 자유롭게 이동하며 보이스 오버와 함께 잭의 머릿속에서 펼쳐지는 이미지를 하나의 흐름 속에서 보여줍니다. 컴퓨터 그래픽으로 공간을 3D로 구성한 후 **가상 카메라(virtual camera)**로 완성한 이 장면 역시 각각의 공간을 보여주는 쇼트를 연결지점이 보이지 않도록 하나로 합성해 만든 롱테이크입니다.

〈파이트 클럽〉의 컴퓨터 그래픽으로 완성된 이 두 롱테이크는 실제로는 커트 없이는 이동 불가능한 신체 내부 그리고

가상카메라(virtual camera)
3D 모델로 구현된 가상공간 내에서 카메라의 위치와 이동에 따른 영상의 변화를 실시간으로 생성하는 기법이다. 가상공간 내에서 카메라의 위치 및 이동은 변수값의 변화로 자유롭게 수정이 가능하며, 따라서 다양한 장면을 연출할 수 있다. 가상카메라는 실제 카메라와 동일하게, 트랙, 팬, 틸트, 줌 등의 기능이 있다.

서로 다른 공간 사이를 카메라가 마치 공기 속을 지나가듯이 통과하고 있다는 점에서 색다른 몰입적인 스타일을 선사합니다. 이는 영화 속 모든 공간이 컴퓨터 그래픽으로 제작되고 실제 카메라가 아닌 컴퓨터로 조작되는 가상 카메라 기법이 만들어낸 것입니다.

1990년대 들어 CGI 기술이 발달하면서 디지털 시각효과는 제작의 효율성을 높이고, 보다 완성도 있는 시각효과의 잠재력을 증명하면서 더 이상 특수효과가 아닌 보편적인 영화 제작의 도구로서 간주되었습니다. 그린스크린에 입혀질 배경을 만드는 데, 서로 다른 장소에서 촬영된 장면을 하나로 합칠 때, 현장에서 촬영된 장면에서 불필요한 부분을 지우거나 새로운 이미지를 추가할 때, 실제 등장한 엑스트라를 몇 배로 늘리고 싶을 때 등 디지털 시각효과는 이미지를 통제하는 데 있어 무한한 잠재력을 가지고 있음을 보여주었습니다.

지금까지 1990년대의 주요 디지털 시각효과 기법을 설명하기 위해 예로 든 영화 이외에 디지털 시각효과의 발전에 기여한 영화들은 다음과 같습니다.

- 〈미녀와 야수 Beauty and the Beast〉(1991)
  셀 애니메이션으로 그린 캐릭터와 3D CGI로 제작된 배경이 처음으로 합성된 장면 애니메이션 영화.

- **〈론머 맨 The Lawnmover Man〉(1992)**

  스티븐 킹의 단편소설을 각색한 SF 스릴러 영화. 영화 속 컴퓨터 가상현실이 CGI로 구현되었다. 가상현실로 들어간 주인공의 CG 캐릭터를 제작하는 데 모션캡처 기법이 최초로 사용되었다. 배우가 직접 움직임을 위치 데이터로 변환하는 센서가 부착된 옷을 입고 연기했다.

- **〈프리 윌리 Free Willy〉(1993)**

  주인공 고래를 포함하여 대부분의 고래는 애니메트로닉스 기법으로 제작되었지만, 몇몇의 경우는 CG로 제작되기도 했다.

- **〈캐스퍼 Casper〉(1995)**

  CG 캐릭터가 주인공을 맡은 최초의 영화. 천사 유령 캐스퍼와 유령 친구들의 반투명한 형상을 재현하는 데 CGI 기법이 매우 효과적으로 사용되었다.

- **〈드래곤하트 DragonHeart〉(1996)**

  사람처럼 말을 하는 '드라코'라는 이름을 가진 용에 대한 판타지 영화. 상상의 동물 '드라코'를 CGI로 제작하기 위해 시각효과 제작을 맡은 ILM은 'CARIcature'라는 소프트웨어를 개발했다. 이 소프트웨어는 용의 입술의 움직임을 대사에 맞게 변형시키는 데 주로 사용되었다.

- **〈제 5원소 The Fifth Element〉(1997)**

  뤽 베송 감독의 SF 영화. 디지털 매트 페인팅 기법이 뉴욕의 미래 모습을 표현하기 위해 대대적으로 사용되었다. 흥행에는 성공하지 못했지만, 기념비적인 SF영화로 남았다.

- 〈레드코너 Red Corner〉(1997)

  영화에 등장하는 베이징 도시 장면과 천안문 광장은 모두 디지털 매트 페인팅 기법으로 완성되었다. 이 영화의 중국 장면은 모두 할리우드에서 촬영되었다.

- 〈미이라 The Mummy〉(1999)

  미라 이호텝(Imhotep)의 변형을 구현하는 데 CGI 기법이 사용되었다.

제3장 21세기 디지털 VFX

"시각효과는 항상 이야기를 위해 사용됩니다. 시각효과만 도드라지거나 인상적
으로 보여서는 안 되면 항상 이야기 속으로 관객을 몰고 가야 합니다."

－ 데이비드 핀처(David Fincher)

1. 디지털 시각효과의 21세기

영화의 2세기, 다시 말해 21세기 영화의 역사에서 디지털 시각효과는 1980년대와 1990년대에 〈쥬라기 공원〉과 〈타이타닉〉과 같은 블록버스터 영화 제작을 통해 이루었던 기술적 혁신을 지속해 나갔습니다. 21세기 처음 10여 년 동안의 가장 두드러진 변화는 디지털 시각효과가 영화 제작에 있어서 특별한 효과가 아닌 보편적인 도구가 되었으며, 영화 제작과 배급 및 상영 전반에 걸쳐 디지털 테크놀로지가 필름의 자리를 대체한 점입니다. 앞의 두 장에서 설명한 디지털 시각효과와 이를 사용한 대표적인 영화들을 상기해 보면 아시겠지만, 1990년대 디지털 시각효과는 블록버스터 영화의 전유물이었습니다. 세기말에 이르러 이러한 흐름의 보편화와 전면화가 이루어지기 시작했습니다. 다시 말해, 1999년은 디지털 시각효과와 디지털 영상 테크놀로지가 영화산업과 문화에서 보편화되고 일상화되는 전환기였다고 할 수 있습니다. 2000년대에 들어서 디지털 시각효과로 완성되는 영화는 헤아릴 수 없을 정도로 증가합니다. 파이널 컷 프로와 같은 디지털 비선형 편집 프로그램들과 마야(Maya)와 후디니(Houdini)와 같은 디지털 시각효과 전문 프로그램의 대중화로 후반작업에서 디지털 시각효과가 담당하는 비중은 매우 커집니다.

이렇게 눈부신 발전을 이룰 수 있었던 것은 디지털 시각효과 사용의 보편화 때문이기도 하지만, 이른바 텐트폴 영화 (tent-pole films)라고 불리는 할리우드 대형 스튜디오의 전략적인 블록버스터 영화 제작 때문이기도 합니다. 텐트폴 영화는 텐트를 받치는 지지대 역할을 하는 폴처럼 투자배급사의 라인업에서 가장 흥행 가능성이 높은 영화를 일컫습니다. 21세기폭스사나 파라마운트사와 같은 대형 할리우드 스튜디오는 10배 이상의 흥행 수입을 목표로 텐트폴 영화에 1억 달러 이상의 제작비를 전략적으로 투자합니다. 안정적인 텐트폴 영화의 흥행 성공을 위해 할리우드 영화사는 전 세계의 두터운 팬층에게 이미 흥행이 입증된 만화책이나 소설을 원작으로 하는 영화를 시리즈로 제작하는 전략을 펼쳤습니다. 이렇게 텐트폴 영화로 제작된 원작은 우리가 익히 보고 즐겨 온 배트맨, 스파이더맨, 어벤져스와 같은 수퍼히어로(super-hero)가 등장하는 만화책이었습니다. 디지털 시각효과는 수퍼히어로가 등장하는 영화에서 화려한 액션과 판타스틱한 이야기를 시각화하는 데 매우 핵심적인 역할을 했습니다. 요약하자면, 디지털 시각효과는 21세기 할리우드 영화산업을 지키는 수퍼툴(super tool)이 되었다고 할 수 있습니다. 물론 이는 단지 할리우드 영화산업에만 해당하는 것이 아니라,

21세기 세계의 모든 영화산업에 해당합니다.

21세기에 가장 흥행했던 영화들은 거의 모두가 디지털 시각효과가 전면적으로 사용된 영화들이라고 말해도 과언이 아닙니다. 〈매트릭스〉 3부작, 〈엑스맨〉, 〈해리포터〉, 〈반지의 제왕〉과 〈어벤져스〉 시리즈만 떠올려도 충분합니다. 2018년 기준 전 세계 흥행 100위권에 오른 할리우드 영화 중 디지털 시각효과가 사용되지 않은 작품은 〈E.T.〉(1982)와 〈스타워즈〉(1977) 단 두 작품뿐이며, 1990년대 작품은 5편에 불과합니다. 장장 93%의 영화가 21세기에 디지털 시각효과로 완성된 작품이 되는 셈입니다.

지금부터 21세기 영화산업을 이끌어 갔던 디지털 시각효과 중에서 2D/3D 디지털 매트 페인팅(digital matte painting), 디지털 옥외촬영(digital backlot), 그리고 디지털 합성 배우(synthespian, 신서스피언) 제작 기법을 구체적으로 들여다볼 것입니다. 특히, 이 세 가지 디지털 시각효과의 사용을 작품을 중심으로 분석하면서, 디지털 시각효과가 어떠한 방향으로 발전되었는지를 설명하고자 합니다. 미리 간략하게 설명하자면, 21세기 디지털 시각효과는 실제 배우와 자연스럽게 대사를 주고받는 CG 캐릭터를 창조하기 위해, 또 더욱 사실적인 CG 배경을 제작하기 위해 일종의 하이브리드 방식을 추구했습니다. 이 시기의 시각효과 아티스트들은 완벽히 디지털로 만든 이미지를 활용하기보다는 오히려 실제 촬영한 사진 자료와 실제 배우의 연기를 디지털로 변형하여 사용하는 등 실제 사물 즉 살아 있는 것들에 더 의존했습니다. 바로 이와 같은 살아 있는 것의 디지털화가 21세기의 디지털 시각효과가 보여준 새로운 혁신이었습니다.

2. 21세기의 VFX I: 2D/3D 디지털 매트 페인트

2027년 런던을 배경으로 인류의 종말을 놓고 펼쳐지는 생존 전쟁을 그린 〈인류의 아이들〉의 첫 장면을 보도록 하겠습니다. 더는 아이가 태어나지 않는 지구는 오직 멸망만을 남겨두고 있습니다. 〈인류의 아이들〉은 최연소 인류인 디에고의 사망 소식으로 시작합니다. 이 소식을 카페에서 접한 주인공 테오는 평소와 마찬가지로 커피를 손에 들고 거리로 나옵니다. 2027년 근 미래 런던의 모습은 그렇게 다르지 않습니다. 여전히 지금과 같은 런던의 도시 풍경입니다. 확연히 다른 것이 있다면 건물을 뒤덮고 있는 동영상 전광판입니다. 이는 실제 촬영한 장면 전체를 3D 가상공간으로 구축한

그림 3.1 〈인류의 아이들〉의 2027년 근미래 런던의 모습

후 그 위에 별도로 제작한 2D와 3D 광고판을 합성하는 방식으로 완성되었습니다(그림 3.1).

테오가 전(前) 부인 줄리안을 만나기 위해 황급히 2층 버스에 올라타는 장면입니다. 버스 광고판에는 정부가 공인한 자살약 콰이어터스(Quietus)의 광고가 나옵니다. 이 동영상 광고판은 버스에 직접 그린스크린을 부착하여 이후에 2D 디지털 매트 페인트 기법으로 완성되었습니다. 버스 뒤로 보이는 공공 아파트 역시 CGI로 제작한 2D 매트 페인트입니다. 테오가 줄리안을 돕기 위해 미술품 보호청장으로 있는 사촌 나이젤을 만나러 가는 장면이 있습니다. 미술품 보호청의 검문소로 테오를 태운 차가 진입하는 장면에서 배경으로 보이는 미술품 보호청 건물은 런던의 배터시(Batter Sea) 지

그림 3.2 〈인류의 아이들〉의 2D 매트 페인팅 기법으로 완성된 미술품 보호청 건물과 진입로

역에 있는 실제 화력 발전소이며, 건물로 이어진 검문소 다리는 써리(Surrey) 지역에 있는 실제 다리입니다. 미술품 보호청의 지리적 공간은 존재하지 않는 허구적 공간이지만, 실제 공간이 매트 페인팅 기법을 통해 합성되어 만들어졌습니다. 그리고 이 장면에서 너무 작게 보이지만 미술품 보호청 건물의 오른쪽 굴뚝 옆에 떠 있는 핑크색 돼지는 CG 와이어 프레임으로 제작된 3D 모형입니다. 핑크 플로이드의 음반 표지에 나온 이 핑크 돼지는 이후 장면에서 창밖으로 더욱 자세히 나옵니다.

2005년에 개봉한 〈배트맨 비긴즈 Batman Begins〉를 보겠습니다. 주인공 브루스 웨인이 무술을 연마하기 위해 히말라야 수도원으로 향하는 장면이 있습니다. 멀리서 보이는 수

도원은 1:48 비율로 실제 제작된 미니어처입니다. 수도원의 배경이 되는 산맥과 빙하는 실제 아이슬란드에서 찍은 이미지입니다. 수도원이라는 허구적 건물에 보다 사실적인 느낌을 주기 위해서 시각효과를 담당한 더블 네거티브(Double Negative)의 시각효과 아티스트들은 실제 아이슬란드 지역에 가서 필요한 산맥과 빙하의 사진을 찍고, 이를 디지털 이미지로 전환하여 마치 모자이크를 하듯이 수도원의 배경을 채우는 데 사용했습니다. 고담 시티도 이와 같이 실사 사진의 디지털 가공작업으로 재탄생했습니다. 더블 네거티브는 시카고의 도시 풍경을 기반으로 디지털 매트 페인팅과 컴퓨터 그래픽으로 만든 다양한 3D 건물과 다리를 추가하여 고담 시티를 완성했습니다. 〈아이언맨 Iron Man〉의 스타크 엑스포(Stark Expo)도 이와 같은 방식으로 완성되었습니다. 시각효과를 담당한 ILM은 1964년 뉴욕에서 개최된 세계 박람회 관련 사진들을 모아서 마치 모자이크를 만들 듯 필요한 부분들을 오려내어 합성하고 2D 디지털 매트 페인트와 3D CGI 모형을 추가하여 스타크 엑스포라는 허구적 공간을 완성했습니다.

이상의 예에서 디지털 시각효과 아티스트들은 실제 촬영 장면에 미니어처, 2D 및 3D CGI 모형 등의 CG 이미지를 합성하여 하나의 완전한 새로운 가상공간을 만들어 냅니다. 컴퓨터 그래픽으로 완성된 이 공간은 진짜일까요? 아니면 가짜일까요? 그 어느 것도 아닙니다. 물론 이야기 속에 등장하는 허구적 공간입니다. 하지만 이 공간을 만드는 데 사용된 실제 촬영한 장면들을 생각하면 전부 가짜는 아닙니다. 앞서 강조한 것처럼, 21세기 디지털 시각효과는 상상한 것 혹은 허구적인 것을 더욱 사실처럼 보이게 하기 위해서 실제 촬영한 이미지를 더욱 많이 사용합니다. 실제 촬영한 이미지를 디지털 시각효과로 변형하는 데 있어 가장 많이 사용되는 기법이 바로 앞서 많이 언급했던 **디지털 매트 페인트**입니다.

매트 페인트는 1장에서 보았듯 오래된 전통적 시각효과 기법입니다. 예를 들어 보겠습니다. 산악 영화 〈클리프 행어〉에는 눈 덮인 아름다운 산이 배경으로 자주 등장합니다. 특히 가파른 암벽을 오르는 실베스터 스탤론의 연기가 압권이지요. 하지만 이 장면들은 실제로 촬영하기에는 위험하고 촬영감독의 입장에서는 기상 조건의 변동이 심하기 때문에 원하는 장면을 얻기 힘든 작업입니다. 따라서 이런 경우에는 대체로 스튜디오 내에서 산맥이나 암벽을 그림으로 그려 무대 배경에 설치해서 사용합니다. 또는 유리판에 실제 촬영할 곳만을 제외하고 나머지 부분에 배경을 그려 넣고 이를 카메라 앞에 놓고 촬영하는 방식을 활용합니다. 필름 시대에는 대체로 이러한 방식으로 매트 페인트가 사용되었습니다. 〈스타워즈〉에서 루크 스카이워커(Luke Skywalker)와 다스 베이더(Darth Vader)의 유명한 결투장면을 떠올려볼

그림 3.3 〈스타워즈, 에피소드 V: 제국의 역습〉(1980)의 루크 스카이워커와 다스 베이더의 결투장에 사용된 매트 페인팅 기법

까요? 〈그림 3.3〉에서 보는 바와 같이 주변의 우주선 공간은 실제 모형이 아닌 그림입니다. 그리고 결투가 벌어지는 다리는 스튜디오에 설치한 모형입니다. 결투가 벌어지는 부분은 실제 촬영한 이미지로 채워지기 때문에 일부러 빈 공간으로 남겨둔 것입니다.

아날로그 방식의 매트 페인팅은 제작비를 줄이고, 보다 허구의 공간을 만들어내는 데 있어 가장 중요한 시각효과 기법이었습니다. 하지만 유리판이나 거대한 캔버스에 유화로 그렸기 때문에 클로즈업을 하거나 카메라를 이동할 경우에 많은 제약이 있었습니다. 특히 매트 페인팅은 평면이거니와 규모가 한정되었기 때문에 카메라의 이동은 거의 불가능했으며, 클로즈업을 하게 되면 실제 촬영한 장면이나 미니어처와의 이음새가 눈에 보이고 그림임이 눈에 띄기에 이 또한 거의 사용되지 않았습니다. 동일한 장면에서 클로즈업을 할 땐 그에 맞도록 매트 페인팅을 다시 제작하는 방법을 사용했습니다.

디지털 매트 페인트는 이러한 모든 제약을 해결해주었습니다. 1장에서 예로 들었던 〈영 셜록 홈즈〉에서 성당의 스테인드글라스는 최초의 디지털 기법으로 완성된 매트 페인트였습니다. 시각효과 제작팀은 아날로그 방식인 유화로 스테인드글라스를 그리고, 실제 촬영한 성당 벽 장면과 이를 함께 디지털로 스캔하여 합성하였습니다. 이 작업에 참여했던 매트 페인트 제작자 크리스 애반스(Chris Evans)는 디지털 매트 페인트 기법의 편리함과 완벽함에 대해 다음과 같이 말했습니다. "(기존의 매트 페인팅 작업에서) 그림과 실제 촬영한 장면의 색을 일치시켜 이음새를 보이지 않게 만드는 것이 항상 가장 어려운 부분이었습니다. 하지만 디지털 방식에서는 실제 촬영한 장면에서 필요한 색을 선택해서 이를 그림에 적용하면 그만입니다." 이렇듯 디지털 매트 페인팅

그림 3.4 〈후크〉의 네버랜드 2.5차원 디지털 매트 페인팅
기법

기법의 가장 큰 장점은 실제 장면과 매트 페인트 사이의 이음새를 픽셀 단위로 합성하여 보이지 않게 만듦으로써 이 실제와 가상이 결합된 하나의 완벽한 진짜 같은 장면을 완성할 수 있다는 것입니다.

사실, 디지털 매트 페인트 기법은 영화 배경에 3D 효과를 내는 데 있어서 매우 효과적입니다. 로빈 윌리엄스가 피터팬으로 등장하는 스티븐 스필버그의 〈후크〉를 보겠습니다. 피터팬이 처음으로 날아서 네버랜드로 가는 장면입니다(그림 3.4). 시각효과를 담당한 ILM은 네버랜드를 기존의 아날로그 방식대로 유화로 완성한 후, 디지털 스캔을 했습니다. 그리고 이 2D의 디지털 네버랜드를 3D로 전환했습니다. 그 결과 블루 스크린 앞에서 하늘을 나는 피터팬의 방향에 따라

하늘 아래로 보이는 네버랜드의 위치를 입체적으로 바꿀 수 있었습니다. 이렇게 2D 매트 페인트를 입체적으로 변형한 것을 2.5차원($2^{1/2}$D) 매트 페인트라고 부릅니다. 완벽한 3차원(3D) 매트 페인트는 전면이 모두 컴퓨터 그래픽으로 이루어진 가상공간입니다. 〈그림 3.4〉에서 보는 것과 같이 디지털 매트 페인팅의 가장 큰 효과는 영화 공간을 더욱 입체적이고 관객이 몰입할 수 있도록 만들 수 있다는 데 있습니다.

3D 디지털 매트 페인트 기법이 처음 사용된 영화는 브라이언 드 팔마(Brian De Palma) 감독의 〈미션 투 마스 Mission to Mars〉(2000)입니다. 드 팔마 감독은 스탠리 큐브릭의 〈스페이스 오딧세이 2001〉의 사실적인 우주 공간과 우주 탐사선의 표현에 도전했습니다. 〈미션 투 마스〉의 시각효과 아티스트들은 미국 항공우주국(NASA)에서 개발 중에 있는 우주선 모델과 지구와 다양한 행성의 고화질 이미지를 제공 받아 영화 속 우주 공간과 우주선의 3D 디지털 매트 페인트 작업에 사용했습니다. 그 결과 카메라의 움직임이 공간의 제약 없이 펼쳐질 수 있었습니다. 예를 들어, 우주 공간에서 탐사선의 유리창을 통과해 탐사선 내부로 들어가는 장면에서 드 팔마 감독은 360도로 돌면서 우주 공간을 보여주며, 관객에게 마치 우주 공간에 떠 있는 듯한 몰입감을 선사합니다. 이 몰입적인 효과는 바로 3차원의 가상공간을 만들 수 있는 3D 디지털 매트 페인트 기법 덕분이었습니다.

그림 3.5 〈글라디에이터〉의 3D 매트 페인팅으로 완성된 콜로세움

2000년대 초반 디지털 매트 페인팅을 이용한 또 다른 예는 리들리 스콧 감독의 〈글래디에이터 Gladiator〉입니다. 리들리 스콧 감독은 영화의 시나리오 단계부터 디지털 시각효과를 이용할 계획을 가지고 있었습니다. 19세기 영국과 프랑스의 로맨틱 화풍으로 로마 시대를 표현하고자 했던 리들리 스콧 감독에게 디지털 시각효과는 필수적이었습니다. 리들리 스콧은 〈꼬마 돼지 베이브〉의 디지털 시각효과 작업을 담당했던 영국의 디지털 시각효과 제작사 밀 필름(Mill Film Ltd)과 함께 고대 로마 도시의 재현과 수많은 전투 장면에 사용된 모든 시각효과 작업을 진행했습니다. 디지털 매트 페인팅 기법이 가장 많이 사용된 곳은 고대 로마의 도시 배경과 로마 콜로세움이 등장하는 장면입니다. 특히 리들리 스콧 감독은 영화 후반부 결전이 펼쳐지는 콜로세움 경기장을 오늘날 스포츠 경기장을 보여주는 방식과 같이 항공촬영

기법을 이용하여 입체적으로 표현하고자 했습니다. 밀 필름은 이를 위해 콜로세움 경기장과 주변 도시를 3D 디지털 매트 페인트로 완성하였습니다(그림 3.5). 로마 콜로세움 경기장을 실제처럼 보이게 하기 위해 밀 필름은 실제 콜로세움의 사진 자료를 디지털 이미지로 스캔하여 사용하였습니다. 컴퓨터 그래픽 이미지의 인위적인 느낌을 보충하기 위해서 실제 사진 자료를 디지털로 스캔하여 사용하는 것은 이후 디지털 매트 페인트 작업에서 일종의 법칙이 되었으며, 이를 통해 디지털 매트 페인트는 보다 완벽하게 상상적이면서도 현실적인 영화적 공간을 만들어 낼 수 있는 기법으로 발전했다고 볼 수 있습니다.

사실, 매트 페인팅 기법이 디지털 방식으로 전환되면서 블루 스크린 앞에서 촬영되는 장면의 비중이 커졌으며, 그렇게 촬영된 장면의 대부분은 사실적인 느낌보다는 환상적이고 허구적인 장면이 많았습니다. 따라서 블루 스크린을 채우는 디지털 이미지는 대체로 인공적인 색채가 강했습니다. 앞에서 이야기한 〈후크〉도 그렇지만, 이러한 경향을 대표하는 영화는 2002년 개봉한 〈스타워즈: 에피소드 II - 클론의 습격 Star Wars: Episode II - Attack of the Clones〉입니다. 이 영화에서 매트 페인트 기법이 사용된 장면은 2,000개에 달했습니다.

〈스타워즈: 에피소드 II〉 이후 디지털 매트 페인팅 기법을 활용한 영화들이 무수히 많이 등장했습니다. 이를 가장 잘 보여주는 예는 2004년 개봉한 캐리 콘랜(Kerry Conran) 감독의 〈월드 오브 투모로우 Sky Captain and the World of Tomorrow〉입니다. 〈그림 3.6〉에서와 같이, 캐리 콘랜 감독은 영화의 모든 장면을 스튜디오 내에서 블루 스크린을 배경으로 촬영했습니다. 다시 말해, 영화에 등장하는 모든 공간과 사물들이 컴퓨터 그래픽으로 만들어진 가상적 공간과 사물인 것입니다. 캐리 콘랜 감독은 복고풍으로 공간 전체를 묘사하기 위해 일부러 2D와 3D 디지털 매트 페인팅 기법을 영화 전체에 사용하였습니다. 디지털 매트 페인트를 대대적으로 사용한 작품은 이후에도 계속 등장했습니다. 만화를 원작으로 하는 작품들이 대부분이었는데, 대표적으로 2005년 〈신 시티 Sin City〉와 2006년 〈300〉 그리고 2008년 〈스피드 레이서 Speed Racer〉 등의 작품이었습니다.

이와 같이 배경을 완전히 컴퓨터 그래픽으로 창조하는 경향은 2000년대 초반에 유행이었습니다. 하지만 이 작업은 엄청난 양의 수작업이 필요했으며, 인공적인 색채가 강했기 때문에 특정한 장르의 영화나 스타일의 장면에서만 효과적으로 사용될 수 있었고, 사실적인 묘사에 일반적으로 사용되기에는 한계가 있었습니다.

2001년 개봉한 〈반지의 제왕: 반지의 원정대 The Lord of the Rings: The Fellowship of the Ring〉는 이러한 디

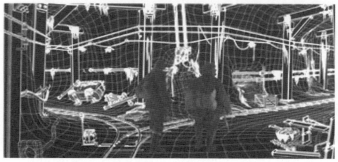

그림 3.6 디지털 매트 페인팅 기법으로 완성된 〈월드 오브
투모로우〉의 한 장면

지털 매트 페인팅의 인공적 색채를 벗어난 첫 작품입니다.
피터 잭슨(Peter Jacson) 감독은 디지털 시각효과로 제작된
배경이나 모형의 인공적 느낌을 지우기 위해 실제 촬영한 장
면이나 미니어처와 세트장 등의 아날로그 시각효과의 비중
을 높이기도 했지만, 무엇보다 이를 디지털 이미지로 전환하
여 변형하는 방법을 주로 사용하였습니다. 이와 같이 실제

촬영해서 얻은 이미지를 디지털 시각효과의 원 소스로 사용하는 디지털 매트 페인팅 방식은 〈반지의 제왕〉에서 상상의 세계를 사실적으로 구축하는 데 큰 기여를 했습니다.

피터 잭슨은 〈반지의 제왕〉의 배경인 중간계를 사실적으로 묘사하기 위해 뉴질랜드에 실제로 프로도 배긴스(Frodo Baggins)의 고향인 호빗 마을을 건설했습니다. 피터 잭슨은 수많은 꽃과 풀로 어우러진 정원을 완성하기 위해서 영화 촬영하기 1년 전부터 호빗 마을 세트를 짓고, 〈반지의 제왕〉 3부작의 제작을 위해 총 68개의 미니어처 세트를 제작했습니다. 리븐델의 엘븐 도시와 아이센가드의 성벽 그리고 모리아 광산이 대표적인 예입니다. 이 세트는 물론 1:166의 비율로 축소 제작되었지만 3층 건물 높이의 거대한 세트였습니다. 〈반지의 제왕〉 시각효과팀은 이 미니어처를 촬영한 장면에 매트 페인트 기법을 이용하여 배경을 입혔습니다. 매트 페인트 제작에는 사실성을 높이기 위해 실제 뉴질랜드의 아름다운 풍경을 찍은 사진이 사용되었습니다.

〈반지의 제왕: 두 개의 탑〉에서 샘과 프로도가 거대한 평야를 가로지르는 인두인 강을 내려다보고 있는 장면을 보겠습니다. 평야의 배경에는 거대한 산들이 보이고, 미나스 티리스 도시가 멀리 보입니다. 이 장면에서 평야와 산은 모두 디지털 매트 페인트입니다. 뉴질랜드에는 영화에서처럼 눈으로 뒤덮인 산을 배경으로 한 드넓은 평야지대는 없습니다. 〈반지의 제왕〉 시각효과를 담당한 웨타 웨크숍(Weta Work- shop)은 뉴질랜드 곳곳의 풍경과 설경과 산의 실제 사진을 합성하여 이 장면을 완성하였습니다. 이 장면에서 하늘은 웰링턴에서 촬영한 사진이었습니다. 피터 잭슨 감독은 디지털 매트 페인트 기법으로 영화의 공간적 배경을 만들 때 실제 사진을 디지털로 합성하여 사용함으로써 사실성을 높였습니다.

실제 사진 자료를 디지털 시각효과의 원천 자료로 사용하는 방식은 앞서 〈인류의 아이들〉과 〈배트맨 비긴즈〉의 매트 페인트 기법의 사용에서 설명했듯이, 오늘날 매트 페인트 기법의 사실성을 높이기 위해 일반적으로 사용됩니다. 이러한 기법이 가장 효과적으로 사용된 영화는 2009년에 개봉한 론 하워드(Ron Howard) 감독의 〈천사와 악마 Angels & Demons〉가 아닐까 합니다. 〈천사와 악마〉의 주 배경인 바티칸 시티에서는 영화 촬영이 허락되지 않았습니다. 따라서 세트와 블루 스크린과 매트 페인트 기법을 이용하여 바티칸 시티를 만들어야 했습니다. 문제는 앞의 영화들과 달리 이 장소는 너무나 유명한 곳이었기에 관객들이 〈천사와 악마〉의 이야기 속으로 빠져들도록 하려면 정말 진짜처럼 묘사해야만 했습니다. 이 영화에 등장하는 바티칸 시티의 외부와 내부는 모두 디지털 매트 페인트입니다. 하지만 2D와 3D로 제작된 바티칸 시티를 구성하는 건물들은 실제 해당 건물의 사진 자료를 이용한 것입니다. 디지털 시각효과를 담당한 더

그림 3.7 〈천사와 악마〉의 2D/3D 디지털 매트 페인트 기법으로 완성된 바티칸 시티 내부 전경.

블 네거티브(Double Negative)는 바티칸 시티의 성 베드로 광장의 디지털 매트 페인트를 완성하기 위해서 사진 촬영팀을 꾸렸습니다. 이 촬영팀은 실제 관광객이 되어 고화질의 디지털 카메라로 작업에 필요한 성 베드로 광장 곳곳을 사진에 담았습니다. 이렇게 찍은 사진이 무려 2만 5천 장 정도였다고 합니다. 〈그림 3.7〉과 같이, 이 사진들은 모자이크처럼 작은 조각으로 쪼개져 와이어프레임으로 만든 3D 성 베드로 광장의 표면을 채우는 데 사용되었습니다. 더블 네거티브는 사진의 필요한 부분을 잘라서 붙이는 작업에 포토 핏(Photo Fit)이라는 자사 그래픽 프로그램을 사용하였습니다.

3. 21세기의 VFX II: 디지털 옥외촬영

　다음은 디지털 옥외촬영(digital backlot)에 대해서 알아보겠습니다. 디지털 옥외촬영은 스튜디오 내부, 오픈 스튜디오, 로케이션 장소 등에서 그린/블루 스크린을 배경으로 장면을 촬영하는 기법입니다. 이후 후반작업에서 2D/3D 디지털 매트 페인트가 빈 공간에 합성됩니다. 이는 일종의 영화 촬영 공간을 가상적으로 확장하는 제작 기술이며, 디지털 매트 페인트 기법으로 최종 완성됩니다. 만약 영화의 배경이 되는 공간을 세트장에 모두 세운다면, 이러한 디지털 옥외촬영 방식은 불필요합니다. 하지만, 영화의 주된 배경이 아닌 경우에, 또 세트장의 규모가 큰 경우에 경제적인 부분을 생각하지 않을 수 없습니다. 디지털 옥외 촬영 방식은 컴퓨터 그래픽으로 가상의 세트를 세우는 방식이기 때문에 세트장의 공간적 한계나 비용의 문제를 효과적으로 해결할 수 있는 방법입니다. 또한 앞서 디지털 매트 페인트 작업의 사례로 설명한 것과 같이, 실제 사진 자료를 이용하여 세트장보다 더 사실적이고 풍부한 가상의 세트를 세울 수 있기 때문에 더 창의적이고 예술적인 표현의 가능성을 감독에게 제공할 수 있습니다. 디지털 옥외 촬영은 인공적인 방식처럼 보이지만 오히려 사실주의를 추구하는 영화 장르에 적합한 도구입니다. 촬영 현장에 직접 그림을 그려 배경으로 사용하는 아날로그 옥외 매트 페인팅 기법은 배경의 크기나 카메라의 이동에 있어서 공간적 제약이 있으며, 배경과 인물과 모형 사이의 이질감을 지울 수 없습니다. 하지만, 디지털 옥외촬영 방식은 이러한 표현의 공간적 제약이 없으며, 대상 사이의 이질감을 완전히 지울 수가 있습니다. 이 점이 디지털 옥외 촬영 기술의 잠재력입니다.

디지털 옥외 촬영 기술은 특히 과거에 존재했던 역사적인 공간이나 상상의 공간을 만들어 내는 데 주로 사용됩니다. 만약 과거의 공간이 그대로 보존되어 있거나 상상의 공간을 현실에서 찾을 수 있다면 그럴 필요가 없겠지만, 이러한 경우는 거의 없습니다. 따라서 디지털 옥외 촬영은 SF 영화나 역사를 다룬 영화 혹은 로케이션 촬영이 불가능한 경우에 필수적이라고 할 수 있습니다.

디지털 옥외촬영을 가장 완벽하게 선보인 작품으로 평가받는 클린트 이스트우드의 〈체인질링〉(2009)과 데이비드 핀처의 〈조디악 Zodiac〉(2007)을 보겠습니다.

〈체인질링〉의 시대적 배경은 1928년 로스앤젤레스이고, 〈조디악〉은 1970년대 샌프란시스코입니다. 두 영화 모두 더 이상 존재하지 않는 공간을 배경으로 하는 이야기입니다. 앞의 〈천사와 악마〉와는 다소 다른 경우지만, 두 편 모두 실제 공간에서는 촬영할 수 없고, 방식이 무엇이든 인공적인 방식으로 세트장을 세워 찍어야 했습니다. 그럼 먼저 〈체인 질링〉의 사례를 보도록 하겠습니다.

〈체인질링〉은 "실제 이야기"라는 자막으로 시작합니다. 이 영화는 캘리포니아주 와인빌 양계장 연쇄살인 실화를 배경으로 부패한 경찰과 세상에 맞서 실종된 아들을 찾으려 고군분투하는 싱글맘 크리스틴(안젤리나 졸리)의 이야기입니다. 당시 만연했던 아동 범죄, 여성 권한 제한, 정치적 부패와 정신병 환자들에 대한 학대와 폭력을 고발한 수작입니다. 클린트 이스트우드는 사실주의를 지향했기에 시각효과를 극도로 제한해서 사용하는 감독으로 알려져 있습니다. 하지만, 이 영화의 시대적 배경 때문에 클린트 이스트우드 감독은 총 180장면에서 시각효과를 사용했습니다. 당시의 전차와 자동차, 건물, 그리고 거리를 매운 수많은 행인들을 만드는 데 디지털 시각효과를 사용했습니다.

클린트 이스트우드는 영화의 주 무대인 1928년 LA의 도

디지털 옥외촬영(digital backlot)
그린/블루 스크린을 배경으로 촬영하는 기법이다. 실제 존재하지 않는 장소를 배경으로 촬영할 때 주로 사용된다. 스튜디오 내에서나 오픈 스튜디오에서 사용되지만, 실제 로케이션 장소에서도 공간의 확장과 변형을 위해 사용된다. 매트 페인트 기법을 사용하여 장면을 촬영하는 공정 전체를 의미하는 용어이기도 하다.

심을 디지털 시각효과를 통해 완벽히 재현합니다. 이 영화의 시각효과 감독인 마이클 오웬스는 감독과 함께 당시 LA 도심의 사진 자료를 통해 고증작업을 거쳐 LA 도심을 디지털 모형과 실제 모형을 이용하여 재창조합니다. 시각효과 감독 오웬스는 당시 LA도시를 완벽하게 재창조하는 것은 무엇보다도 관객에게 이 이야기가 실화임을 전달하는 데 있어 매우 중요했다고 회고한 바 있습니다.

클린트 이스트우드와 오웬스는 유니버설(Universal)의 오픈 세트장에 설치된 20세기 초반의 LA도시 세트장에 그린 스크린을 설치하여 촬영한 후, 다양한 디지털 시각효과를 이용하여 영화의 배경이 되는 1928년 LA 도심을 재탄생시켰습니다(그림 3.8). 앞서 짧게 설명했듯이, 건물의 일부만을 실제 세트로 세우고 그 외 부분은 디지털 3D 모형과 이미지를 덧붙여 확장하여 완성하였습니다. 특히, 세트장의 뒤편에 충분한 크기의 블루 스크린을 설치하여 세트장의 공간적 깊이와 크기를 확장하여 실제 공간과 같이 만들었습니다.

1968년 발생한 연쇄살인을 다룬 영화 〈조디악〉의 작업을 위해, 데이비드 핀처 감독은 1960년대와 1970년대의 샌프란시스코를 디지털 영상 테크놀로지를 이용하여 사실적으로 묘사하기로 계획했습니다. 데이비드 핀처 감독은 일종의 다큐멘터리 스타일로 촬영하여 영화의 사실성을 높이고자, 실제로 살인 사건이 발생한 지역에서 해당 장면을 촬영하기도

그림 3.8 〈체인질링〉의 디지털 옥외촬영 기법으로 제작된 뉴 욕 거리

했습니다. 이러한 데이비드 핀처 감독의 로케이션 촬영에 있
어서 옥외 촬영은 꼭 필요한 것이었습니다.

데이비드 핀처는 조디악의 3번째 희생자인 택시운전사가 살해당하는 장면을 실제 사건이 일어난 샌프란시스코의 워싱턴과 채리 교차로에서 촬영하기로 계획을 세웠습니다. 이틀 동안 그곳에서 촬영을 했지만, 지난 30여 년 동안 동네가 너무 많이 변해 있었습니다. 동네의 집들이 고급스럽게 바뀐 것이 가장 큰 난점이었습니다. 따라서 이 장면의 디지털 시각효과를 담당한 디지털 도메인은 다우니 스튜디오(Downey Studios)에 교차로 세트를 제작하고 거대한 블루 스크린을 곳곳에 설치하였습니다. 그리고 후반작업 과정에서 블루 스크린에 당시 스타일의 집들을 전부 CG 3D 모형으로 제작하여 채웠습니다.

〈그림 3.9〉를 보겠습니다. 데이브 토스키(Dave Toschi) 형사가 조디악의 범행 동선을 추적하며 앞으로 걸어갑니다. 이 장면은 세트장에서 촬영되었는데, 데이비드 핀처 감독은 토스키 형사를 연기한 마크 러팔로(Mark Ruffalo)가 앞으로 걸어가는 속도에 맞게 블루 스크린을 움직이면서 촬영하였습니다. 이렇게 이동형 블루 스크린을 활용하여 넓은 공간에 효과적으로 3D 매트 페인팅 기법을 사용할 수 있는 환경을 구축하였습니다. 〈그림 3.9〉의 왼쪽 3분의 1은 블루 스크린을 배경으로 스튜디어에서 촬영한 장면이며, 다음 3분의 1은 3D 매트 페인팅 기법이 적용된 장면이고, 나머지는 최종적으로 완성된 장면입니다. 디지털 도메인은 당시 사진을

그림 3.9 〈조디악〉의 워싱턴 채리 교차로에서의 살인사건 현장의 촬영에 사용된 디지털 옥외 촬영 기법.

기반으로 이 장면에 등장하는 CG 집을 만들었습니다.

데이비드 핀처 감독은 이러한 방식으로 정확하게 당시 샌프란시스코를 시각화할 수 있었으며, 기존의 아날로그 방식의 매트 페인트 기법으로는 도달할 수 없는 사실성을 관객에게 전달할 수 있었습니다. 특히 〈조디악〉에 사용된 디지털 시각효과 중에서 우리가 눈여겨 볼 것은 컴퓨터 그래픽으로만 완성된 장면입니다. 〈조디악〉의 오프닝 장면을 기억하시나요? 오늘날의 드론 쇼트와 같이 카메라가 하늘을 날며 포트 오소러티 터미널과 주변 건물을 내려다보는 설정 쇼트는 완벽히 컴퓨터 그래픽으로 완성된 장면입니다(그림 3.10). 이렇게 완성된 장면을 **3차원 환경(3D environments)**이라고 부릅니다. 만약 30년 동안 이 항구가 그렇게 변하지 않았다면 그리고 도로를 달리는 차들도 그대로 있었다면, 이 장면

그림 3.10 포토그래메트리 기법이 사용된 〈조디악〉의 포트 오소러티 터미널
장면

은 실제로 촬영한 후 필요한 부분만 디지털 시각효과를 사용
하여 변형시킬 수 있었을 것입니다. 하지만 포트 오소러티
터미널은 쇼핑 센터로 변했으며, 당시의 많은 빌딩들은 사라
지고 새로운 고층빌딩이 세워졌으며, 도로와 차들이 이루 말
할 수 없을 정도로 변했습니다. 데이비드 핀처 감독은 조디
악 사건이 벌어진 당시 샌프란시스코를 구현해내기 위해서
이 장면 전체를 3D 환경으로 구축하기로 결정했습니다. 이
장면의 디지털 3D 환경 작업을 담당한 매트 월드 디지털
(Matte World Digital)은 샌프란시스코 시청에 보관된 당시
도시 설계도면과 각종 사진자료를 사용하였습니다. 가상의
샌프란시스코 도심에 들어갈 다양한 건물과 다리의 3차원
기하모델을 만드는 데 **포토그래메트리(Photogrammetry)** 기
법이 사용되었습니다. 이 기술 덕분에 포트 오소러티 터미널
장면은 매우 사실적으로 완성될 수 있었습니다.

지금까지 디지털 매트 페인팅, 디지털 옥외촬영, 포토그래메트리 기법의 설명을 통해서 알 수 있듯이, 영화관에서 이러한 장면을 볼 때는 어느 부분이 디지털 매트 페인팅 기법이고, 어느 부분이 미니어처이며, 그리고 어느 부분이 실제 촬영한 이미지인지를 구분하기는 매우 어렵습니다. 또한 디지털 페인팅(digital painting) 기법을 활용하면 제한적이기는 하지만, 특별히 블루스크린을 설치하지 않은 경우에도 배경의 일부분을 원하는 이미지로 변경할 수가 있습니다.

예를 들어 〈배트맨 비긴즈〉에서 히말라야 인근 비행장에서 웨인을 기다리고 있는 웨인사 제트 비행기 장면은 디지털 페인트 기법이 얼마나 효과적인지를 보여주는 대표적 장면입니다 (그림 3.11). 이 장면의 시각효과를 담당한 더블 네거

포토그래메트리(photogrammetry)
포토그래메트리는 대상을 여러 가지 방향에서 대량으로 찍은 2D 사진을 이용하여 대상의 질감과 색상을 포함한 3D 모형을 만드는 디지털 시각효과 기법이다. 일종의 3D 디지털스캐닝 기법이라고 할 수 있다. 대상의 사진 자료만으로 3D 모델을 구축할 수 있는 것이 이 기법의 특징이다.

3D 환경(3D environment)
CG으로 구축된 가상공간 전체를 일컫는 용어. 디지털 세트와 동일한 개념으로 오늘날 3D환경이라는 용어가 영화 시각효과 작업이나 VR 콘텐츠 작업에서 보다 일반적으로 사용된다.

그림 3.11 〈배트맨 비긴즈〉에 사용된 디지털 페인트

티브는 지구상에 존재하지 않는 영화 속의 히말라야 비행장을 만들기 위해서 실제로는 영국의 비행장에서 해당 장면을 촬영했습니다. 그리고 디지털 매트 페인팅 아티스트들은 감독의 요구대로 활주로는 비에 젖은 느낌으로 바꾸고, 배경에 산을 추가로 넣고, 그리고 아침 느낌이 나도록 화면 전체의 톤을 변경했습니다. 매트 월드 디지털의 공동창업자인 크래그 배론(Craig Barron)은 이와 같은 매트 페인트 기법이 사실적인 환영을 창조하는 도구라고 말했습니다. 이는 단지 특정한 장면만을 컴퓨터 그래픽으로 그려 넣는 것이 아니라, 새로운 공간을 창조하는 것을 강조한 것입니다.

4. 21세기의 VFX III: 신서스피언의 테크놀로지, 모션캡처 & 퍼포먼스캡처

마지막으로 살펴볼 21세기의 디지털 시각효과는 CG 캐릭터와 배우의 연기가 합성된 신서스피언(Synthespian)을 창조하는 데 사용되는 모션캡처와 퍼포먼스캡처입니다.

신서스피언은 상상의 캐릭터, 실제 배우, 혹은 엑스트라의 역할을 위해 제작됩니다. 완전한 신서스피언을 창조하기 위한 디지털 시각효과 아티스트들의 욕망은 1989년 디지털 합성가수 도조(Dozo)에서부터 2015년 〈엑스 마키나 Ex Machina〉까지 오랫동안 전개되었습니다. 앞서 간단히 설명한 바와 같이, 신서스피언은 단지 CGI만으로 제작된 캐릭터가 아니라, 일종의 하이브리드 캐릭터로서 실제 배우의 연기로 움직이는 CG 캐릭터를 의미합니다. 합성 혹은 인조를 의미하는 영어 'synthetic'과 배우를 의미하는 'thespian'의 합성어로 배우의 연기와 CG 캐릭터가 합성되었다는 의미가 담겨 있습니다. 신서스피언을 우리말로 옮겨 디지털 합성배우라고 부를 수 있습니다. 신서스피언이라는 용어는 카이저 왈작크 컴퓨터 그래픽 회사(Keiser-Walczak Construction Co)가 100% 컴퓨터 그래픽으로 제작한 네스토로 섹스토네(Nestor Sextone)라는 캐릭터를 SIGGRAPH 학회에서

그림 3.12 모션캡처 기술로 탄생한 최초의 여가수 신서스피언 '도조(Dozo)'

공개한 후, 디지털 합성배우의 연기를 어떻게 개선할 것인지를 논의하는 과정에서 처음 등장했습니다.

초창기 인공적 색채가 강했던 디지털 합성배우는 디지털 스캐닝(digital scanning), 3D 모델링(3D modeling), 키 프레임 애니메이션(key frame animation), 모션캡처, 퍼포먼스캡처 등과 같은 디지털 시각효과와 영상 테크놀로지의 발전을 통해 보다 '사실적'이고 '살아있는' 가공적 생명체로 진화했습니다.

디지털 합성배우는 골룸, 나비, 채피(Chappie)처럼 주로 상상 속의 인물이나 로봇 캐릭터의 역할이었지만, 경제적인 장점과 효율성의 차원에서 수많은 엑스트라의 대역으로 활용되면서 디지털 합성배우들의 존재감은 확장되었습니다. 또한 디지털 합성배우는 〈벤자민 버튼의 시간은 거꾸로 간다〉의 경우처럼, 실제 배우가 재현할 수 없는 연기영역의 대역배우로 사용될 정도로 실제 배우와 구분 불가능한 사실성과 생명감을 가진 하나의 '생명체'로 진화했습니다. 오늘날 디지털 합성배우는 골룸과 같이 단순한 특수효과에 불과한 존재가 아닌, 실제 배우와 동등할 정도의 팬 층을 가진 실존하는 가상배우라 할 수 있으며, 21세기 디지털 시각효과의 발전을 이끌어가고 있는 가상의 생명체라고 할 수 있습니다.

신서스피언 역사의 전반기에 해당하는 1989년에서 2001년까지의 시기는 특히 신서스피언의 제작기술이 외형적인 측면에서 운동의 측면, 즉 자동적으로 움직일 수 있다는 것에 중점을 두고 발전되었다고 볼 수 있습니다. 2001년 이후 신서스피언은 외형뿐만 아니라 감정적인 측면에서 실제배우와 구별되지 않는, 즉 실제배우와 디지털 캐릭터 사이의 벽을 넘어서기 위해 발전되었습니다. 2001년 히로노부 사카구치(Hironobu Sakaguchi) 감독의 애니메이션 영화가 개봉할 즈음 할리우드의 영화배우와 관련 기관의 종사자들은 신서스피언이 할리우드 영화배우들의 일자리를 모두 빼앗을 것이라는 우려를 표했습니다. 물론 이러한 과장된 우려가 아

대표적인 신서스피언의 역사

1982: 〈트론 Tron〉의 마스터 콘트롤

1988: 네스토로 섹스토네(Nestor Sextone)

1989: 도조(Dozo): 싱글 앨범 "Dont't Touch Me"를 발표한 최
      초의 CG가수. 마커 기반의 모션캡처와 자세 테이터
      (positional data)가 처음으로 사용됨.

1989: 〈Virtual Marilyn〉(MIRALab, 1989): 제네바 대학에서 진
      행된 사망한 스타의 복원을 위한 포스트휴먼 프로젝트의 일
      환으로 마를린 먼로가 컴퓨터 그래픽으로 제작됨.

1991: 〈터미네이터 2〉의 T-1000

1994: 〈포레스트 검프〉의 존 F. 케네디, 린든 존슨, 리처드 닉슨
      대통령

1994: 〈크로우〉(1994)의 디지털 스턴트

1995: 〈저지 드레드〉(1995)의 디지털 스턴트

1997: 〈타이타닉〉(1997)의 디지털 엑스트라

2001: 〈파이널 환타지 〉(2001)의 아키 로스

2001: 〈A.I〉의 데이비드

2002: 〈스파이더 맨Spider Man〉(Sam Raimi, 2002)의 CG 스파
      이더맨

2002: 〈반지의 제왕: 반지 원정대〉의 골룸(Gollum)

2005: 〈킹콩〉의 킹콩

2008: 〈벤자민 버튼의 시간은 거꾸로 간다〉의 벤자민 버튼

2008: 〈아바타〉의 나비족

2013: 〈그래비티〉의 라이언 스톤 박사

2015: 〈채피〉의 채피

2015: 〈엑스 마키나〉의 인조인간 에바

직 현실화되지는 않았지만, 영화 속의 디지털 합성배우는 점점 다양한 모습으로 비중 있게 등장했습니다.

〈크리스마스 캐롤〉의 스크루지(Scrooge)는 오늘날 디지털 합성배우의 창조 과정을 보여주는 단적인 예입니다. 이 영화의 주인공인 스크루지 캐릭터는 3D 디지털 애니메이션과 실재 배우의 연기의 결합으로 창조되었습니다. 스크루지 캐릭터의 외형 이미지는 디지털 애니메이션 기법으로 만들어졌으며, 모션캡처와 퍼포먼스캡처로 각각 짐 캐리(Jim Carrey)의 몸짓과 얼굴 표정을 디지털 데이터로 전환하여, 이를 스크루지 캐릭터의 생생한 표정과 움직임을 만들어 내는데 사용했습니다. 다시 말해, 스크루지 캐릭터는 디지털 이미지와 실제 배우의 연기가 결합하여 창조된 하이브리드 배우라고 할 수 있습니다.

이와 같은 사실적인 디지털 합성배우를 창조하는 데 요구되는 디지털 영상 테크놀로지와 애니메이션 기법은 디지털 합성배우를 활용한 환상적인 이야기를 담은 영화의 등장과 함께 서로 긴밀하게 영향을 주고 받으며 발전했습니다. 그 대표적인 예는 상상의 캐릭터가 인간보다 많이 등장하는 영화 〈반지의 제왕〉의 3부작이라고 할 수 있습니다. 피터 잭슨이 설립한 웨타 디지털(Weta Digital)은 골룸, 오크(Orcs), 와르그(Wargs), 트롤(Trolls), 엔트(Ents) 등의 판타스틱한 캐릭터를 컴퓨터 그래픽으로 창조하면서 디지털 합성배우

그림 3.13 매시브 프로그램으로 창조된 수만 명의 우루크하이 병사들

기술의 발전에 많은 기여를 했습니다.

피터 잭슨 감독은 〈반지의 제왕〉에서 인센가드가 오르상크(Orthanc) 탑에서 우루크하이 병사들을 향하여 연설을 하는 장면에 등장하는 수만 명의 병사를 CGI로 만드는 데 '**매시브 MASSIVE(Multiple Agent Simulation System)**'라는 프로그램을 개발하여 사용하였습니다(그림 3.13). 컴퓨터 그래픽을 이용한 디지털 엑스트라 제작은 특정수의 엑스트라를 실제 촬영한 후 디지털 데이터를 변환하여 다양한 조합으로 복사하여 그 숫자를 늘리는 방식이었습니다. 〈글라디에이터〉와 〈포레스트 검프〉의 경기장을 가득 매운 군중들이 그렇게 완성되었습니다. 하지만, 이 방식은 디지털 캐릭터의 외형과 움직임을 다양하게 조작하는 데 있어 많은 한계가 있었습니다. 웨타 디지털이 개발한 매시브 프로그램은 수만 명의 디지털 엑스트라나 동물 무리를 만드는 프로그램입니다.

매시브는 인공지능 알고리듬을 기반으로 작동되었기 때문에 수많은 디지털 엑스트라의 외형과 움직임을 다양하게 조절할 수 있습니다. 인센가드의 연설에 환호하는 우루크하이 병사들의 사실적이고 스펙터클한 장관은 이렇게 완성되었습니다. 매시브 프로그램은 디지털 합성배우를 제작하는 데 들어가는 비용과 시간을 획기적으로 줄여주었습니다.

이후 매시브를 통해 수많은 디지털 엑스트라가 탄생했습니다. 2004년에 개봉한 〈아이, 로봇 I, Robot〉에 등장하는 수많은 로봇, 2006년에 개봉한 〈Happy Feet〉에 등장하는 펭귄, 그리고 2013년 개봉한 〈세계대전 Z〉의 좀비가 대표적 예입니다.

매시브 프로그램과 더불어 〈반지의 제왕〉이 21세기 디지털 시각효과에 기여한 점은 **모션캡처**를 이용하여 골룸이라는 상상의 캐릭터를 사실적으로 창조한 것입니다. 웨타 디지털은 모션캡처 기술로 앤디 서키스(Andy Serkis)의 연기를 디지털 데이터로 변화하여 이를 컴퓨터 그래픽으로 만든 골룸의 키프레임을 움직이는 데 사용했습니다. 기존에는 애니메이션의 키프레임의 변화를 하나하나 수동으로 기입하는 방식이었는데, 이는 시간이 오래 걸릴 뿐만 아니라, 움직임을 사실적으로 만드는 데 많은 한계가 있었습니다. 하지만 실제 배우의 몸동작과 표정 데이터를 이용하면 매우 편리하고 사실적으로 애니메이션의 움직임을 만들어낼 수가 있습니다. 이 기법을 모션캡처라고 합니다. 모션캡처 기술이 처음으로 사용된 영화는 〈매트릭스〉이지만, 실제 배우와 사실적인 연기를 펼치는 디지털 합성배우를 창조하는 데 사용된 것은 〈반지의 제왕〉에서였습니다. 모션캡처 기법으로 탄생한 골룸은 실제 배우 이상의 인기를 가진 정말로 '살아 있는' 캐릭터가 될 정도였습니다. 또한 당시 무명이었던 앤디 서키스는 골룸의 모션캡처 연기를 통해 일약 모션캡처 전문배우로 등극했습니다.

모션캡처(motion capture)
연기자의 몸에 발광 마커나 마그네틱 와이어를 부착하여 3D 캐릭터의 와이어프레임 모델의 동작에 필요한 움직임 데이터를 얻는 기법. 영화의 CG 캐릭터, 3D 애니메이션 캐릭터, 게임에 등장하는 캐릭터들의 움직임을 사실감 있게 표현하는 데 사용된다. 배우는 모캡 슈트(Mocap suit)라는 마커와 센서 등이 부착된 옷을 입고 CG 캐릭터의 몸동작을 카메라 앞에서 연기한다. 사용되는 마커의 종류에 따라, 광학적, 마그네틱, 메카닉 모션캡처로 구분된다.

키프레임(key frame)
움직이는 객체의 단계별 동작의 시작점과 끝점을 일컫는다. 제작의 효율성 및 움직임의 중요성을 고려하여 키프레임의 위치를 정한다. 컴퓨터 애니메이션에서는 키프레임들의 위치를 정하면 키프레임들 사이의 동작이 자동으로 생성된다. 모션캡처로 추출한 배우의 움직임 데이터가 바로 키프레임의 데이터로 사용된다.

〈반지의 제왕〉에 사용된 모션캡처 기법은 광학적 방식(the optical motion-capture system)이었습니다. 이는 디지털 카메라로 연기자의 몸에 부착된 발광소자의 움직임을 기록하고 이를 좌표 데이터로 전환하여 디지털 캐릭터를 움직이는 데 사용합니다. 만약에 디지털 캐릭터가 골룸과 같이 상상의 캐릭터이거나 동물이라면 애니메이션 아티스트가 직접 데이터를 조작하는 것으로도 충분합니다. 하지만 피터 잭슨 감독이 추구했던 것처럼 감정적으로 충실하고, 복잡하고, 다른 인물과 교감하는 디지털 캐릭터를 제작하는 데 있어서 실제 배우의 연기를 이용하는 것만큼 좋은 방법은 없습니다.

골룸과 같은 정말 존재할 것 같은 상상적인 캐릭터가 등장할 수 있었던 것은 모션캡처 기술 때문만은 아닙니다. 골룸의 창조는 최신의 디지털 시각효과가 만들어 낸 결과입니다. 골룸과 같은 디지털 캐릭터와 실제 배우가 결합하여 탄생한 디지털 합성 배우는 다음과 같은 과정을 통해 제작됩니다. 우선 시각효과팀은 캐릭터의 밑그림을 그리고, 다양한 표정과 몸짓의 캐릭터를 실제 모형으로 제작하고, 이를 3D 스캔 장비를 통해 디지털 캐릭터로 제작합니다. 다음 단계는 실제 촬영장에서 디지털 캐릭터를 연기하는 배우가 모션캡처 장비를 착용하고 실제 배우와 연기를 펼칩니다. 이때 감독은 여러 대의 카메라를 이용하여 별도로 디지털 캐릭터 연기자만을 촬영합니다. 마지막으로 후반작업 단계에서 시각효과팀은 이 영상 자료를 특별한 소프트웨어를 이용하여 움직임 데이터로 변환시키고 이를 앞서 제작해둔 디지털 캐릭터의 키 프레임에 적용합니다.

골룸의 동작이 자연스럽게 완성될 수 있었던 것은 또한 뼈, 근육, 피부 등을 모두 함께 연동시키고, 신체의 특정 부위의 움직임을 다른 부위의 움직임에 자연스럽게 연동시키는 애니메이션 프로그램의 발전 덕분이기도 합니다. 또한 디지털 캐릭터의 외형을 빛과 같은 환경적 조건에 따라 세밀하게 변형할 수 있는 컴퓨터 그래픽 기술의 발전이 기여한 부분도 매우 큽니다. 2001년에 개봉한 〈파이널 환타지〉의 아키 로스는 뭉툭한 외형 때문에 감정적으로 동화되더라도 인공적인 느낌을 지울 수가 없었습니다. 하지만 골룸의 제작에는 피부에 반사되는 빛뿐만 아니라 피부가 흡수해서 반사하게 되는 빛까지도 표현했습니다. 그 결과 촉감적으로 더욱 완벽한 골룸의 피부가 만들어질 수 있었습니다.

〈반지의 제왕〉 3부작 이후, 디지털 합성 배우가 등장하는 영화가 대거 제작되었습니다. 피터 잭슨은 그가 어린 시절부터 꿈꾸었던 〈킹콩〉을 제작했으며, 〈벤자민 버튼의 시간은 거꾸로 간다〉와 〈아바타〉와 같은 영화가 등장했습니다.

〈반지의 제왕〉이 몸 동작을 자연스럽게 만드는 데 일조했다면, 이 세 작품들은 특히 모션캡처 기법을 디지털 합성 배우의 표정을 자연스럽게 움직이는 데 사용할 수 있도록 발전시켰습니다. 〈킹콩〉에서 앤디 서키스가 고릴라처럼 생긴 상상의 동물 콩을 연기했습니다. 광학 방식의 모션캡처가 사용되었는데요, 얼굴에도 빛을 반사하는 마커를 부착하여 콩의 사실적인 표정을 구현했습니다. 또한 서키스의 신체에 다양한 연장을 붙여 콩의 신체비율에 맞게 변형했습니다. 다시 말해, 완벽한 콩의 재현을 위한 데이터를 만들기 위해 실제 배우의 신체 비율을 콩과 비슷하게 바꾼 것입니다.

〈아바타〉와 〈벤자민 버튼의 시간은 거꾸로 간다〉에는 얼굴만을 분리해서 표정 데이터를 추출하는 퍼포먼스캡처 기술이 사용되었습니다. 이는 얼굴에 빛을 반사하는 극소형 마커를 부착하는 기법에 더해 소형카메라를 이용하여 표정을 매우 섬세하게 기록하는 방식입니다. 〈아바타〉에서는 특수 제작된 헬멧에 소형 카메라를 부착하여 디지털 캐릭터를 연기하는 실제 배우의 표정을 기록했습니다(그림 3.14). **퍼포먼스캡처**는 표정과 몸 동작을 분리해서 디지털 데이터로 전환하기 때문에 후반작업 과정에서 필요에 따라 특정 부분의 동작이나 표정만 별도로 수정할 수 있습니다. 이 기법은 〈아바타〉에서 매우 효율적으로 사용되었습니다. 제임스 카메론 감독은 얼굴 연기 치환(Facial Performance Replacement, FPR)이라는 장비를 독자적으로 개발하여 퍼포먼스캡처 작업에 사용했습니다. 제임스 카메론은 이 장비 덕분에 배우가 액션 장면에서 표정이나 대사를 완벽하게 연기하지 않아도

 그림 3.14 〈아바타〉에 사용된 퍼포먼스캡처 장비

되어, 보다 효율적으로 촬영을 진행할 수 있었다고 합니다.

디지털 합성 배우를 가장 완벽하게 창조한 작품은 아마도 〈벤자민 버튼의 시간은 거꾸로 간다〉가 아닐까 합니다. 주인공 벤자민 버튼을 디지털 합성 배우로 창조하는 것은 디지

> **퍼포먼스캡처(performance capture)**
> 연기자의 얼굴 근육의 움직임을 마커 및 디지털 영상자료를 통해 추출하여 CG 캐릭터의 표정을 사실적으로 구현하는 기법이다. 실제 배우처럼 풍부한 표정을 만들어내는 데 모션캡처만으로는 한계가 있다. 이를 개선하기 위해 얼굴에 극도로 작은 마커를 부착하고 동시에 배우들의 얼굴 앞에 소형카메라를 부착하여 표정 전체를 디지털 영상으로 기록한다. 퍼포먼스캡처의 핵심은 배우가 연기하는 감정을 그대로 CG 캐릭터에 표현할 수 있다는 점이다. 사실적인 표현이 중요한 가상현실, 증강현실의 콘텐츠 제작에서 중요한 기술이다.

그림 3.15 〈벤자민 버튼의 시간은 거꾸로 간다〉에 사용된 퍼
포먼스캡처

털 시각효과의 큰 도전이 아닐 수 없었습니다. 왜냐하면 지
금까지 소개한 디지털 합성 배우는 모두 인간이 아닌 상상
의 캐릭터였지만, 이 작품에서는 브레드 피트의 얼굴을 지닌
나이든 모습의 어린 아이를 창조해야 했기 때문입니다. 디지
털 합성 캐릭터 벤자민 버튼은 두 명의 실제 배우와 디지털
캐릭터의 합성으로 탄생했습니다. 이 작품은 늙은 상태로 태
어나 나이를 먹을수록 젊어지는 벤자민 버튼의 일생에 관한
이야기입니다. 문제는 노년의 나이로 태어난 어린 시절의 벤

그림 3.16 데이지가 신기한 듯 벤자민 버튼의 얼굴을 만지는 장면

자민 버튼을 재현하는 것이었습니다. 상상적 인물인 베자민 버튼은 브레드 피트와 닮아야 했으며, 체격은 왜소해야 했습니다. 이에 맞는 대역 배우를 찾는 것은 불가능했으며, 실제 브레드 피트가 얼굴에 분장을 하고 어린 시절의 벤자민 버튼을 연기한다고 하더라도 몸을 축소시킬 수 있는 방법은 없었습니다. 따라서 이 영화는 처음부터 디지털 합성 배우 기법이 없었더라면 실현 불가능한 작품이었다고 할 수 있습니다.

데이비드 핀처 감독은 어린 시절의 벤자민 버튼을 연기할 왜소한 체격의 대역 배우를 이용하여 어린 시절 장면을 촬영했습니다. 그리고 대역 배우의 얼굴 부분을 컴퓨터 그래픽으로 만든 디지털 벤자민 버튼의 얼굴로 대체했습니다 .마지막으로 브레드 피트의 표정 연기를 여러 대의 카메라로 캡처하여 디지털 벤자민 버튼의 얼굴을 움직이는 **키 프레임 애니메이션**의 데이터로 사용하였습니다. 즉, 영화 속에 등장하는 어린 시절의 벤자민 버튼의 모습에서 몸 연기는 대역 배우의 것이고, 얼굴은 컴퓨터 그래픽으로 만들어진 것이며, 표정 연기는 브레드 피트의 것입니다(그림 3.15). 표정 데이터를 더 정교하게 얻기 위해 브레드 피트는 4대의 비디오카메라 앞에서 얼굴에 형광색 분을 칠하고 연기했습니다. 시각효과팀은 브레드 피트의 얼굴 표정과 감정을 데이터로 변화하여 디지털 벤자민 버튼 캐릭터에 사용했는데, 이를 위해 이모션캡처(e-motion capture)라는 특수 소프트웨어를 자체 개발했습니다.

〈벤자민 버튼의 시간은 거꾸로 간다〉를 볼 때, 우리는 외형뿐만 아니라 표정도 너무나 사실적이기 때문에 어린 시절의 벤자민 버튼이 디지털 캐릭터라고 상상하기 힘듭니다. 특히 관객에게 전해지는 이 사실성은 디지털 합성 배우와 실제 배우 사이의 연기가 매우 자연스럽고 감각적이기 때문입니다. 〈그림 3.16〉과 같이, 이 영화에는 벤자민 버튼을 직접 만지는 장면이 여러 번 등장합니다. 디지털 합성 캐릭터를 실제 배우가 직접 만지는 것과 같은 신체적 행위는 디지털 합성 캐릭터의 사실성을 더욱 높이는 기능을 합니다. 이렇게 디지털 캐릭터의 사실성을 높이기 위해 실제 배우가 직접 접촉하는 것은 디지털 시각효과의 역사에서 아주 오래된 전통이기도 합니다. 〈어비스〉에서 물로 만들어진 생명체에 검지를 대는 주인공의 모습 기억하시나요? 그때부터 형성된 일종의 디지털 캐릭터를 더욱 사실적으로 만드는 연기 기법이라고 할 수 있습니다. 다시 말해, 실제 배우가 만지는 순간 디지털 캐릭터는 더 완벽한 생명체로 태어나게 됩니다.

물론 벤자민 버튼 캐릭터의 탄생은 퍼포먼스캡처 기법과 관련 디지털 영상기술에 힘입은 것이지만, 주름진 피부에서 머리카락까지 매우 사실적인 디지털 캐릭터를 창조할 수 있는 컴퓨터 그래픽 기술의 진보 덕분이기도 합니다. 만약 컴퓨터 그래픽으로 탄생한 벤자민 버튼 캐릭터의 외모가 정말 사람과 구분하기 어려울 정도의 사실성을 가지지 않았다면 아무리 브레드 피트의 표정 연기를 정확하게 기록하여 사용했을지라도 사실감은 매우 떨어졌을 것입니다. 실제 배우와 디지털 캐릭터의 완벽한 합성으로 탄생한 벤자민 버튼은 디지털 시각효과가 낳은 최고의 영화 주인공이라고 할 수 있습니다.

이 영화는 스콧 핏제랄드(F. Scott Fitzgerald)의 1922년 동명의 단편소설을 각색한 것입니다. 1993년에 시나리오로 각색되어 스티븐 스필버그, 론 하워드 그리고 스파이크 존스와 같은 감독들에게 전해졌습니다. 하지만 당시 시각효과 기술로서는 완성하기 어려운 작품이었습니다. 그 후 2006년에 이 시나리오가 데이비드 핀처에게 갑니다. 핀처 역시 오랫동안 이 시나리오의 존재를 알고 있었습니다. 핀처는 10년 전 이 시나리오를 처음 접했을 때, 너무 아름다운 이야기이지만 어떻게 벤자민 버튼이라는 시간을 거꾸로 사는 인물을 재현할지 '상상'할 수 없었다고 합니다. 그리고 10년 후에 이 시나리오를 다시 읽었을 때, 이제는 벤자민 버튼을 재현할 수 있다는 자신감이 들었다고 합니다. 다시 말해, 디지털 시각효과의 발전으로 인해 상상만 했던 소설 속 인물 벤자민 버튼이 탄생한 것입니다. 이렇게 본다면 디지털 시각효과는 한낱 눈속임 마술이 아닌 불가능한 것을 가능하게 하는 상상의 연금술이라고 할 수 있습니다.

마치며

2016년 오스카는 인공지능 기술의 비약적 발전에 따른, 인간보다 더 인간 같은 인조인간의 등장을 다룬 〈엑스 마키나〉에게 최우수 시각효과상을 수여했습니다. 〈스타워즈: 깨어난 포스〉, 〈마션 The Martian〉, 〈매드 맥스: 분노의 도로 Mad Max: Fury Road〉 등이 경쟁 후보였습니다. 많은 이들의 예상을 뛰어넘은 결과로, 〈엑스 마키나〉는 오스카 역사상 '초저예산으로 제작된 최우수 시각효과 수상작'이라는 기록을 세웠습니다. 〈마션〉은 1억 8백만 달러, 〈매드 맥스〉는 1억 5천만 달러, 원화로 환산하면 각각 1천 80억과 1천 5백억 원의 제작비가 투입된 초호화 시각효과로 가득한 영화들이었습니다. 〈스타워즈: 깨어난 포스〉의 제작비는 무려 2억 달러가 넘었습니다. 그에 비하면 〈엑스 마키나〉의 제작비는 1천 5백만 달러, 원화로 150억 원 수준이었습니다. 이 역시 적지 않은 금액이지만, 다른 영화들의 제작비에 비하면 저예산 영화라 할 만합니다.

그렇다면 흔히 시각효과가 많이 필요한 전쟁 장면이나 우주 장면 하나 없는 저예산 영화 〈엑스 마키나〉가 최우수 시각효과상을 수상할 수 있었던 이유는 무엇이었을까요? 〈엑스 마키나〉에는 인간과 구분이 안 가는 A. I. 로봇 '에이바 Ava'가 주인공으로 나옵니다. 알렉스 가랜드(Alex Garland) 감독은 에이바를 프리츠 랑(Fritz Lang) 감독의 대표작 〈메트로폴리스 Metropolis〉(1927)에 등장하는 인조인간 '마리아 Maria'의

21세기 버전으로 구상했습니다. 알렉스 가랜드는 더블 네거티브의 시각효과 아티스트들과 함께 여러 유형의 21세기 마리아를 만들었습니다. 수개월에 걸친 기획 과정 끝에 에이바는 알루미늄 골격과 투명한 외관을 지니고 인조피부를 부착하면 완벽한 인간으로 변신하는, 인간보다 더 인간 같은 인공지능 로봇으로 탄생했습니다. 에이바가 인간의 모습으로 등장하는 장면에서는 시각효과가 특별히 사용될 필요는 없었습니다. 에이바를 연기한 배우 알리시아 비칸데르(Alicia Vikander)로 충분했으니까요. 하지만 에이바가 알루미늄 골격이 훤히 드러나는 모습으로 등장하는 장면에는 시각효과 기법이 사용되어야 했습니다. 더블 네거티브는 알리시아의 얼굴과 CGI로 완성한 가상의 팔과 다리, 상체 등을 결합하여 인조인간 에이바를 만들었고, 모션캡처 기법으로 에이바의 움직임을 완성했습니다.

제한된 예산 때문에 감독은 에이바가 투명한 외관으로 등장하는 장면을 최소화해야 했습니다. 하지만 영화의 내용을 무시하고 무조건 시각효과를 줄이는 방향으로 갈 수도 없었습니다. 스토리상 로봇 모습의 에이바가 최대한 자주 등장해야 했습니다. 알렉스 가랜드 감독은 에이바의 전체 모습이 나오는 장면을 최대한 줄이고 팔과 다리 등 신체 일부분만 보여주는 몽타주 연출방식을 선택했습니다. 대신 신체 부위의 움직임과 외형을 더욱 사실적으로 보여주기 위해 노력했습니다. 효과적인 연출을 위해서 CGI로 만든 에이바의 신체와 알리시아 비칸데르의 신체가 매 숏마다 정확하게 연결되어야 했으며, 각 움직임

또한 한 몸처럼 자연스럽게 연동되어야 했습니다. 감독은 여러 가지 효과적인 연출방식을 구상했으며, 더블 네거티브의 시각효과 아티스트들은 감독의 요구대로 분할된 에이바의 모습을 자연스럽게 연결하기 위해 모션캡처와 로토스코핑 등 가용한 모든 디지털 시각효과 기법을 접목시켰습니다. 〈엑스 마키나〉는 최고의 시각효과 기법과 기술력이 사용된 영화일 뿐 아니라, 시각효과를 경제적인 측면에서, 또 스토리텔링의 측면에서 매우 효과적으로 사용한 영화라 할 수 있습니다. 바로 이 점이 초저예산 영화 〈엑스 마키나〉가 초고예산 경쟁 작품들을 제치고 최우수 시각효과상을 거머쥘 수 있었던 이유였습니다.

앞에서 이야기했듯, 디지털 시각효과는 단지 화려한 볼거리를 시각적으로 완성하는 도구가 아닙니다. 디지털 시각효과는 영화감독의 상상을 완성하는 창조적 도구이자, 영화를 더욱 영화답게 만드는 예술적 도구이며, 영화산업의 지속적 성장을 이끄는 원동력입니다. 2000년대 한국의 영화산업도 디지털 시각효과를 통해 급성장을 했습니다. 최근 흥행에 성공한 〈1987〉과 〈신과 함께〉와 같은 작품을 보면, 스토리텔링의 도구로서 디지털 시각효과가 얼마나 중요한 역할을 하는지 확인할 수 있습니다. 이 책을 접한 여러분 중 누군가가 〈엑스 마키나〉의 초저예산 최우수 시각효과 수상작 기록에 도전에 보는 건 어떨까요? 영화는 작은 상상에서 시작합니다. 디지털 시각효과는 눈에 보이지 않을 만큼 작은 픽셀 하나로부터 만들어집니다. 그 픽셀이 분명 여러분의 상상을 완성시키는 씨앗이 될 것입니다.

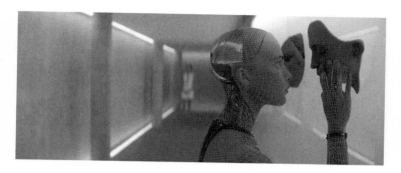

<엑스 마키나>(2016)

부록: 디지털 시각효과 용어 사전

• **3D 환경(3D environment)**: CG으로 구축된 가상공간 전체를 일컫는 용어. 디지털 세트와 동일한 개념으로 오늘날 3D환경이 영화 시각효과 작업이나 VR 콘텐츠 작업에서 보다 일반적으로 사용된다.

• **CG 캐릭터(computer-generated character)**: 컴퓨터 그래픽으로 만들어진 등장인물을 가리킨다. 영화 속에 등장하는 상상의 인물이나 동물 등의 비인간 캐릭터를 표현하는 데 사용된다. 모션캡처 등의 디지털 영상 기술을 통해 실제 배우와 완벽한 호흡의 연기를 보여주는 사실적이고 정교한 CG 캐릭터 제작 기술로 발전하고 있다. <쥬라기 공원>과 <파이널 환타지>의 공룡등과 아키 로스, <반지의 제왕>의 골룸과 <아바타>의 나비가 대표적인 CG 캐릭터들이다.

• **디지털 옥외촬영(digital backlot)**: 그린/블루 스크린을 배경으로 촬영하는 기법이다. 실제 존재하지 않는 장소를 배경으로 촬영할 때 주로 사용된다. 스튜디오 내에서나 오픈 스튜디오에서 사용되지만, 실제 로케이션

장소에서도 공간의 확장과 변형을 위해 사용된다. 매트 페인트 기법을 사용하여 장면을 촬영하는 공정 전체를 의미하는 용어로 사용되기도 한다.

- **디지털 인터미디에이트(digital intermediate, DI):** 필름으로 촬영된 이미지를 디지털 이미지로 변환시켜 색의 보정 및 수정 작업을 거쳐 극장 상영을 위한 최종 영상을 제작하는 작업을 총칭하는 용어이다. 필름 시대에는 이 작업을 '인터미디에이트'라고 불렀으며, 색 보정과 같은 작업은 광화학적 기법으로 완성되었다. DI 공정은 크게 다음 세 단계로 나눌 수 있다. 1. 촬영된 필름을 디지털 파일로 전환(디지털로 촬영한 경우 제외). 2. 원하는 영상을 얻기 위해 다양한 색 보정 및 수정 작업. 3. 완성된 디지털 영상(디지털마스터)을 35mm 극장 상영용 필름으로 출력.

- **디지털 입력 스캐너(CCD Digital Input Scanner):** 2-4K의 고화질로 필름에 기록된 이미지를 디지털 영상으로 변환하거나 디지털 시각효과로 변형/수정된 최종의 디지털 영상을 필름에 기록하여 극장 상영용 고품질 프린트를 제작하는 장비이다.

- **레이저 스캐닝(laser scanning):** 필름에 기록된 이미지를 디지털 이미지 데이터로 변환하거나 그 반대로 CGI를 필름에 기록하는 레이저 장비.

- **레이트레이싱(ray tracing):** 컴퓨터 그래픽(CG, Computer Graphics) 작업에서 광원의 조건에 따른 사물 표면의 명암, 질감, 반사된 이미지 등을 표현하는 렌더링 기법 중의 하나이다. CGI로 만들어진 사물과 공간의 입체감을 보다 사실적으로 만드는 데 효과적이다. 광추적방식 렌더링이라고 부르기도 한다.

- **로토스코핑(rotoscoping):** 영상에서 특정 객체의 테두리를 추적하여 정밀하게 배경에서 분리하는 기법이다. 이렇게 오려진 자리에 실사 및 CG 이미지가 합성되거나 반대로 오려진 객체가 다른 영상에 합성될 수 있다. 디지털 합성 작업에서 매치무빙과 함께 필수적인 기법이다.

- **매치무빙(matchmoving):** 실사 영상자료에서 카메라의 위치와 이동과 속도 등을 복원/추적하여 해당 영상을 3차원 가상공간에 그대로 재창조하는 기법. 3D CGI 객체나 CG 효과를 실제 영상과 정밀하게 일치시킴으로써 하나의 단일 영상으로 만드는 데 필요한 기초적 작업이다. 매치무버(Matchmover), 3D 이퀄라이저(3D Equalizer), 부주(Boujou), 신사이즈(Syntheyse) 등의 다양한 매치무브 프로그램이 있다.

- **매트 페인팅(matte painting):** 실제 촬영이 어려운 상상의 배경이나 세트를 세워 촬영하기에는 많은 비용이 들어가는 경우, 이를 그림으로 대신하는 시각효과 기법이다. 디지털 방식으로 전환되기 전까지는 담당 기술자가 직접 오일이나 아크릴 물감으로 유리판에 그림을 그렸다. 가장 처음으로 디지털로 전환된 시각효과 기법 중에 하나이다. 디지털 방식의 매트 페인팅의 경우 촬영 현장에서 그린 혹은 블루 스크린을 배경으로 촬영 후 후반작업 과정에서 CGI로 그린 배경 장면이 합성된다.

- **모션캡처(motion capture):** 연기자의 몸에 발광 마커나 마그네틱 와이어를 부착하여 3D 캐릭터의 와이어프레임 모델의 동작에 필요한 움직임 데이터를 얻는 기법. 영화의 CG 캐릭터, 3D 애니메이션 캐릭터, 게임에 등장하는 캐릭터들의 움직임을 사실감 있게 표현하는 데 사용된다. 배우는 모캡 슈트(Mocap suit)라는 마커와 센서 등이 부착된 옷을 입고 CG 캐릭터의 몸동작을 카메라 앞에서 연기한다. 사용되는 마커의 종류에 따라, 광학적, 마그네틱, 메카닉 모션캡처로 구분된다.

- **몰핑(morphing):** 메타몰핑(metamorphing, 변형)의 약자로, 하나의 형상이 전혀 다른 형상으로 자연스럽게 변하는 기법이다. 디지털 방식의 몰핑 기법이 등장하기 전까지는 모형을 제작한 후 스톱모션 기법이나 디졸브 기법으로 변신 효과를 만들었다. 컴퓨터 그래픽 기술을 통해 정교하고 사실적인 변신 효과가 가능해졌다. 마이클 잭슨의 〈Black and Whitle〉의 뮤직비디오에 디지털 몰핑 기법이 매우 효과적으로 사용되면서 대중에게 알려졌다. 한국영화 중에서는 〈구미호〉의 여주인공 고소영이

여우로 변신하는 장면에 디지털 몰핑 기법이 처음 사용되었다.

• **색 보정(color correction)**: 최종 극장 상영용 필름을 생산하기 전에 빛의 삼원색(red, green, blue)의 비율을 조절하여 색상의 균형과 농도를 조절하는 컬러 타이머(color timer)로 필름 전체의 톤을 일정하게 통일시키는 작업. 이렇게 색 보정 작업이 끝난 최종 원본 필름을 인터미디에이트 필름이라고 부른다.

• **수트메이션(man-in-a-monster-suit)**: 애니메트로닉의 전자기계장치 대신 배우가 직접 특수 제작된 의상을 입고 상상의 생명체나 동물을 연기하는 기법.

• **애니메트로닉(animatronic)**: 애니메이션과 일렉트로닉스(electronics)의 합성어이다. 상상의 생명체나 동물을 진짜처럼 표현하기 위해 사용되는 전통적인 특수효과 중 하나로, 전자회로를 이용하여 특정한 움직임을 만들어 내는 기계장치를 뼈대로 모형을 제작하고, 각종 특수 재질과 메이크업 기술을 활용하여 모형에 스킨을 덧붙여 완성한다. 〈터미네이터〉에서 피부가 벗겨진 터미네이터의 액션 장면에 이 기법이 사용되었다.

• **옵티컬 프린트(optical printing)**: 디졸브, 페이드 인/아웃, 매트 페인트와 같은 시각효과를 완성하는 데 사용되는 특수효과로써, 촬영된 필름의 전체 혹은 부분을 반복해서 재촬영하여 이미지를 합성하는 기법이다.

• **와이어프레임(wireframes)**: 컴퓨터 그래픽에서 3차원 물체의 형상을 만들기 위한 기초 작업으로서 물체의 형상을 선(lines)으로 표시하여 입체감을 나타내는 것. 이것은 마치 철사를 이어서 만든 뼈대처럼 보여서 와이어프레임이라고 부른다. 와이어프레임으로 이루어진 기하학적 형상에 색깔, 질감, 그림자 등 입체감을 입히는 렌더링 작업을 거치면 최종의 사실감 있는 3차원의 모형이 완성된다.

• **입자 애니메이션(particle-animation)**: 먼지나 눈, 비, 물, 불 연기와

같은 아주 작은 객체나 자연 현상의 불규칙적이고 반복적이고 우연적인 운동을 생성하는 CGI 기법이다. 이러한 자연적 현상이나 수많은 사물의 움직임을 컴퓨터 그래픽으로 재현할 때 일일이 조작하면 너무나 손이 많이 가는 작업일 뿐만 아니라, 서로 연동된 움직임을 자연스럽게 연결하는 것은 더욱 어려운 일이다. 입자 애니메이션 기법은 이러한 작업을 주어진 변수 값에 따라 자동으로 만들어주는 일종의 컴퓨터 알고리듬이다.

• **키프레임(key frame):** 움직이는 객체의 단계별 동작의 시작점과 끝점을 일컫는다. 제작의 효율성 및 움직임의 중요성을 고려하여 키프레임의 위치를 정한다. 컴퓨터 애니메이션에서는 키프레임들의 위치를 정하면 키프레임들 사이의 동작이 자동으로 생성된다. 모션캡처로 추출한 배우의 움직임 데이터가 바로 키프레임의 테이터로 사용된다.

• **텔레시네(telecine):** 본래는 영화를 TV로 방영하거나 비디오 플레이어 (VCR)와 CD 등 2차 배급망을 통해 판매하기 위해 필름을 전자비디오 영상으로 전환하는 장비로 개발되었다. 이후 비디오 선형 편집이나 디지털 비선형 편집의 목적으로 필름을 비디오 영상으로 변환하는 데 주로 사용되었다.

• **퍼포먼스캡처(performance capture):** 연기자의 얼굴 근육의 움직임을 마커 및 디지털 영상자료를 통해 추출하여 CG 캐릭터의 표정을 사실적으로 구현하는 기법이다. 실제 배우처럼 풍부한 표정을 만들어내는 데 모션캡처만으로는 한계가 있다. 이를 개선하기 위해 얼굴에 극도로 작은 마커를 부착하고 동시에 배우들의 얼굴 앞에 소형카메라를 부착하여 표정 전체를 디지털 영상으로 기록한다. 퍼포먼스캡처의 핵심은 배우가 연기하는 감정을 그대로 CG 캐릭터에 표현할 수 있다는 점이다. 사실적인 표현이 중요한 가상현실, 증강현실의 콘텐츠 제작에서 중요한 기술이다.

• **포토그래메트리(photogrammetry):** 포토그래메트리는 대상을 여러 가지 방향에서 대량으로 찍은 2D 사진을 이용하여 대상의 질감과 색상을

포함한 3D 모형을 만드는 디지털 시각효과 기법이다. 일종의 3D 디지털 스캐닝 기법이라고 할 수 있다. 대상의 사진 자료만으로 3D 모델을 구축할 수 있는 것이 이 기법의 특징이다.

- **프리비주얼리제이션(previsualization):** 프리프로덕션 단계에서 진행되는 작업으로서, CGI 효과로 완성되는 장면을 미리 저화질의 3D 애니메이션으로 제작하는 작업이다. 감독은 CGI 효과가 어떻게 사용되는지를 배우 및 스탭들에게 효율적으로 전달하기 위해 프리비주얼리제이션을 사용하기도 하며, 고비용의 CGI 작업을 효율적으로 연출하기 위해 사용하기도 한다. 일종의 3D 애니메이션으로 제작한 CGI 작업용 콘티라고 할 수 있다.

- **플록킹(flocking):** 크레이그 레이놀즈(Craig Reynolds)가 CGI 객체의 행동을 자동으로 생성하기 위해 만든 알고리즘으로, 군체 알고리즘이라고 부르기도 한다. 물고기, 새 등의 무리를 지어 움직이는 동물을 표현하는 데 사용되는 기법이다. 일반적으로 각 객체가 주변의 객체와 적당한 거리를 유지하도록 하고, 주변의 객체들과 동일한 방향과 속도를 유지하도록 하며, 객체들을 하나의 무리의 움직임으로 보이게 하는 알고리즘으로 구성된다. 〈배트맨 리턴즈〉의 박쥐 떼가 날아다니는 장면이 플록킹 기법이 사용된 대표적인 예이다.

- **픽사(The Pixar Image Computer):** 루카스필름에서 제작한 컴퓨터 그래픽 전용 컴퓨터이다. 픽사는 영화 시각효과 분만 아니라, 광고, 의학, 지리물리학 분야 등 최고급 시각 정보 산업에 사용될 목적으로 개발되었다. 기존의 아날로그 방식의 영상 및 음향의 합성과 편집을 디지털로 방식으로 전환하는 데 기여를 했다. 1986년 스티븐 잡스(Steven Jobs)는 픽사를 인수하여 이듬해에 제2세대 픽사를 내놓았다. 제1세대 픽사는 오늘날 환율로 계산하면 1대당 4억 원에 달하는 고가의 컴퓨터 장비였다.